La enfermedad de escribir

Charles Bukowski

La enfermedad
de escribir

Edición y traducción de Abel Debritto

EDITORIAL ANAGRAMA
BARCELONA

Título de la edición original:
On Writing
Ecco
Nueva York, 2015

Ilustración: foto © Science & Society Picture Library / Getty Images,
 © CSA Images / Vetta / Getty Images. Montaje de Diane Parr

Primera edición en «Panorama de narrativas»: diciembre 2020
Primera edición en «Compactos»: enero 2026

Diseño de la colección: Julio Vivas y Estudio A

© De la traducción, Abel Debritto, 2020

© Linda Lee Bukowski, 2015
 Publicado por acuerdo con Ecco, un sello de Harper Collins Publishers

© EDITORIAL ANAGRAMA, S. A. U., 2020
 Pau Claris, 172
 08037 Barcelona

ISBN: 978-84-339-4876-2
Depósito legal: B. 16757-2025

Printed in Spain

Liberdúplex, S. L. U., ctra. BV 2249, km 7,4 - Polígono Torrentfondo
08791 Sant Llorenç d'Hortons

NOTA DEL EDITOR

Resulta prácticamente imposible reproducir las cartas de Bukowski de manera fidedigna, ya que muchas de ellas cuentan con ilustraciones y dibujos; asimismo, entre 1945 y 1954 Bukowski escribió siempre a mano, y esas cartas pierden parte de su encanto al transcribirse (no por casualidad, fue el periodo durante el cual dijo, faltando a la verdad, que no escribió nada porque estaba demasiado borracho, como si todo el material manuscrito fuera poco memorable). Sin embargo, algunas de las cartas más características se han reproducido en su totalidad en facsímil para que el lector las vea tal y como fueron escritas.

Los cambios editoriales realizados han sido los estrictamente necesarios con el fin de respetar el peculiar estilo de Bukowski. Si bien su puntuación era bastante acertada, él

mismo admitió en numerosas ocasiones que su ortografía dejaba mucho que desear. Los errores ortográficos involuntarios se han corregido, mientras que los errores deliberados se han mantenido para conservar en la medida de lo posible el registro original. Asimismo, se han omitido los encabezamientos y las despedidas, ya que la gran mayoría eran similares. Bukowski escribía cartas a diario, muchas de ellas de varias páginas y sobre temas que poco tenían que ver con el arte de escribir. Las omisiones editoriales se reflejan en el texto con tres puntos entre corchetes. Las notas editoriales también aparecen entre corchetes. Bukowski escribía los títulos EN MAYÚSCULAS, y aquí aparecen en cursiva en el caso de los libros y entrecomillados en el de los poemas y relatos. Las fechas y los títulos también se han normalizado. Los títulos originales se han dejado en inglés en el caso de no existir una traducción al castellano. Aparte de estos mínimos cambios editoriales, las cartas de este libro se reproducen tal y como Bukowski las escribió.

1945

Hallie Burnett era coeditora de la revista Story, *en la que Bukowski publicó su primer relato en 1944.*

[A Hallie Burnett]
Finales de octubre de 1945

Recibí la nota en la que se rechazaba «Whitman: poesía y prosa» junto con los comentarios de los lectores.

No está mal.

Avísame si algún día necesitases más lectores de manuscritos. No encuentro trabajo en ningún lado, así que no pierdo nada por probar contigo.

1946

Caresse Crosby publicó «20 tanques de Kasseldown», uno de los primeros relatos de Bukowski, en el tercer número de Portfolio: An International Review *en 1946, junto con escritos de autores de la talla de Henry Miller, Jean-Paul Sartre, Federico García Lorca y Kenneth Rexroth. Henry Miller era el editor de ficción adjunto.*

[A Caresse Crosby]
9 de octubre de 1946

PHILA, PA
Oct. 9, 1946

DEAR MRS. CROSBY:

I WAS WORKING IN A PICTURE FRAME FACTORY

AND DRINKING, WHEN YOU ACCEPTED ONE OF MY STORIES

IN THE LETTER YOU SAID, IT "WAS PUZZLING AND PROFOUND."

Querida señora Crosby:
Trabajaba en una fábrica de marcos de cuadros
Y bebía cuando aceptaste uno de mis relatos.
En la carta dijiste que era «desconcertante y profundo».

Perdí el trabajo.
Mi padre me compró un traje nuevo y me mandó a Filadelfia.
Cobraba el paro y tenía demasiado tiempo para pensar y beber.
No dejaba de pensar en *Portfolio*.

Escribí varias notas insultantes con términos en francés que sacaba del diccionario. Quería un ejemplar de *Portfolio* con mi relato. Estaba deprimido, tenía ganas de suicidarme y delirios alcohólicos. Necesitaba un empujón espiritual, me propasaba en mis exigencias. Tras varios intercambios, recibí un ejemplar.

Ahora trabajo en un almacén de herramientas.

Y bebo.

YET I KEEP WONDERING. WHERE ARE THOSE STORIES AND SKETCHES I SENT HER IN MARCH 1946? IS SHE ANGRY? IS THIS HER REVENGE? DID SHE BURN MY THINGS? DID SHE MAKE THE PAGES INTO PAPER BOATS FOR THE BATHTUB? OR DOES HENRY MILLER SLEEP WITH THEM UNDER HIS MATRESS?

I CAN WAIT NO LONGER.

IF I RECEIVE NO ANSWER, I'LL HAVE MY ANSWER,

TRULY,
Charles Bukowski
603 N. 17TH. ST.
PHILA, 30, PA.

Pero sigo sin saber qué fue de los relatos y viñetas que le envié en marzo de 1946. ¿Estará enfadada? ¿Se estará vengando? ¿Habrá quemado mis escritos? ¿Habrá hecho barquitos de papel con ellos para jugar en la bañera? ¿O acaso Henry Miller los habrá guardado debajo del colchón?

No pienso esperar más.

Si no obtengo respuesta, la tendré a mi manera.

Atentamente,

Charles Bukowski

[A Caresse Crosby]
Noviembre de 1946

Te escribo de nuevo para decirte lo mucho que me gustó recibir la foto de Roma y la nota. En cuanto a los manuscritos que se han perdido, al diablo con ellos, tampoco eran gran cosa, salvo quizá algunas viñetas repletas de violencia que hice cuando vivía de gorra en casa de mis padres en Los Ángeles. Pero basta de tonterías: soy poeta, *et al.*

Sigo débil por culpa de la bebida y ya no tengo máquina de escribir. Escribo a mano, qué remedio, ja ja. *Matrix*, una «pequeña revista» bastante tradicional de Filadelfia, ha aceptado tres relatos míos pasables y cuatro poemas que no estaban muy allá.

No sería capaz de ir a Washington a dedo para verte, soy demasiado nervioso. Llegaría hecho una piltrafa. Gracias de todos modos. Muy amable de tu parte.

Tal vez te envíe algo pronto, pero no de momento. No sé si me entiendes.

1947

[A Whit Burnett]
27 de abril de 1947

Gracias por la nota.

No creo que escriba una novela, no me sale de dentro, aunque he pensado en ello y es posible que lo intente algún día. Se llamaría *Bendito Factótum* y trataría sobre el trabajador de clase baja, sobre las fábricas y las ciudades y el valor y la fealdad y el alcoholismo. Me temo que si la escribiese ahora no sería gran cosa. Tendría que entusiasmarme de verdad. Además, tengo tantos problemas en estos momentos que no me atrevo ni a mirarme al espejo, y mucho menos a escribir un libro. Pero admito que tu interés me ha sorprendido y gustado.

Ahora mismo no tengo más viñetas solas, sin relato. *Matrix* aceptó la única que hice de ese modo.

El mundo me tiene bien cogido por los huevos y no tengo muchas ganas de escribir, Whit, así que tu carta me ha animado.

[A Caresse Crosby]
7 de agosto de 1953

8-7-53

Hello mrs. Crosby:

Saw in book review (never really read one, but) your name, "Dial Press."

You printed me sometime back in "Portfolio," one of the earliest (1946 or so?). Well, one time came into town off long drunk, forced to live with parents during feeble clime. Thing is, parents read story ("20 TANKS FROM KASSELDOWN") and burnt whole damn "Portfolio." Now, no longer have copy. Only piece missing from my few published works. If you have an extra copy ????? (and I don't see why in the hell you should ~~have~~ have) it would do me a lot of good if you would ship it to me.

I don't write so much now, I'm getting on to 33, pot-belly and creeping dementia. Sold my typewriter to go on a drunk 6 or 7 years ago and haven't gotten enough non-alcoholic $ to buy another. Now print my occasionals out by hand and point them up with drawings (like any other madman). Sometimes I just throw the stories away and hang the drawings up in the bathroom (sometimes on the roller).

Hope you have "20 TANKS". Would apprec.

Love,
Charles Bukowski
268 4/6 S. Coronado St.
Los Angeles, Calif.
(2054/6 S. CORONADO ST.)

17

Vi tu nombre, «Dail Press», en una reseña (y eso que casi nunca las leo).

Me publicaste hace ya tiempo en *Portfolio*, en uno de los primeros números (en 1946 o por ahí). Resulta que una vez, después de una larga borrachera, tuve que volver a vivir con mis padres en momentos nada fáciles de mi vida. Mis padres leyeron el relato («20 tanques de Kasseldown») y quemaron el ejemplar entero de *Portfolio*. De mis escasas publicaciones, es de la única que no tengo un ejemplar. Si tuvieras uno de sobra (y la verdad es que no sé por qué ibas a tenerlo) me harías muy feliz si me lo enviaras.

Ya no escribo tanto; estoy a punto de cumplir los 33, con barriguita cervecera y cada vez más loco. Hace seis o siete años vendí la máquina de escribir para emborracharme y no tengo dinero para comprar otra, apenas tengo para beber. Ahora lo poco que escribo lo hago a mano y lo realzo con ilustraciones (como cualquier otro colgado). A veces tiro los cuentos a la basura y cuelgo los dibujos en el baño (a veces del portarrollos del papel higiénico).

Espero que tengas «20 tanques». Te estaría muy agradecido.

Judson Crews, autor y editor prolífico donde los haya, publicó un poema de Bukowski en The Naked Ear *en 1957 tras haber rechazado su poesía durante años.*

[A Judson Crews]
Finales de 1953

Eres el único editor de Estados Unidos que envía cartas de rechazo alegres. ¡Me alegra que me pongas al día en el reverso de esas fotos maravillosas! Me parece que eres un buen tipo.

El último número de *Naked Ear* me gustó mucho. Desprendía mucha más vida y arte que cualquier número de *The Kenyon Review*, y eso pasa porque publicas lo que te apetece y no lo que se considera correcto. Sigue así.

Ayer conocí a Janet Knauff. Dice que te conoce. La llevé al hipódromo.

[A Judson Crews]
4 de noviembre de 1953

Te seré bien sincero. Quédate los poemas cuanto quieras porque si me los devuelves los acabaré tirando a la basura.

Salvo los primeros poemas, los otros ya los han rechazado *Poetry* y *Embryo*, una revista nueva. Los comentarios son favorables, pero no creen que escriba poesía y sé a qué se refieren. Las ideas son buenas pero no sé abrirme paso, no sigo las normas. La poesía no me interesa. No sé qué es lo que me interesa. Supongo que todo lo que no sea aburrido. La poesía convencional no tiene vida aunque parezca lo contrario.

Quédate los poemas todo el tiempo que quieras. Eres el único que ha mostrado interés en mi obra. Te enviaré más en cuanto los escriba.

1954

[A Whit Burnett]
10 de junio de 1954

6 - 10 - 54

Dear Mr. Burnett:

Please note change of address (323½ N. Westmoreland Ave. L.A., 4.), if you are holding any more of my weird masterpieces.

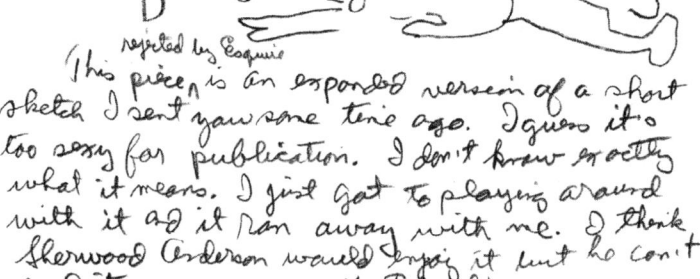

rejected by Esquire

This piece is an expanded version of a short sketch I sent you some time ago. I guess it's too sexy for publication. I don't know exactly what it means. I just got to playing around with it and it ran away with me. I think Sherwood Anderson would enjoy it but he can't read it.   — Mr. Bukowski

Fíjate en la nueva dirección (323 ½ N. Westmoreland Ave., L.A. 4) por si te quedas alguna de mis obras maestras de borrachuzo.

El cuento que te adjunto lo rechazó *Esquire* y es una versión ampliada de una historia que te mandé hace ya tiempo. Supongo que es demasiado sexy para los editores. En verdad no sé qué significa. Me puse a retocarlo y me dejé llevar. Creo que le encantaría a Sherwood Anderson, pero no puede leerlo.

[A Whit Burnett]
25 de agosto de 1954

Hace un par de meses recibí una nota de Smithtown en la que decía que *Story* había pasado a mejor vida. Lo siento de veras.

Por aquel entonces te envié un cuento titulado «La historia del violador», pero no me han dicho nada. ¿Lo tienes por ahí?

Siempre recordaré la revista de color naranja con la franja blanca. Por algún motivo, estaba convencido de que podía escribir lo que me diera la gana y, si era lo bastante bueno, se publicaría. Las otras revistas no son así, y menos hoy día, todo el mundo tiene miedo de ofender o meterse con alguien; los escritores honestos lo tienen complicado. Te pones a escribir y sabes que no sirve de nada. El valor se ha esfumado, al igual que la intuición, la claridad y el sentido artístico.

Todo se fue a la mierda tras la Segunda Guerra Mundial, y no solo en lo que al arte se refiere. Los cigarrillos no saben igual. Ni los tamales, las guindillas y el café. Todo es de plástico. Los rábanos ya no son picantes. Las cáscaras de los huevos se quedan pegadas. Las chuletas de cerdo son pura grasa. La gente se limita a comprar coches nuevos. Sus vidas son cuatro ruedas y poco más. En las ciudades solo se enciende un tercio de las farolas para ahorrar electricidad. Los policías ponen multas como posesos. A los borrachos les ponen multas astronómicas, y basta beber un poco para que seas un borracho. Los perros deben ir con correa y hay que vacunarlos. Te piden un permiso de pesca hasta para atrapar peces con las manos. Los tebeos se consideran un peligro para los niños. Los hombres ven combates de boxeo sentados en casa, hombres que no saben qué es un combate de boxeo, y si no están de acuerdo con los jueces escriben indignados a los periódicos para quejarse.

Y los relatos: no queda nada, no tienen vida. [...]

Story significó mucho para mí. Y supongo que su fin forma parte del orden de las cosas. ¿Qué será lo próximo en irse?

Recuerdo cuando te enviaba entre quince y veinte cuentos al mes, y luego tres o cuatro o cinco y después al menos uno a la semana. Desde Nueva Orleans y San Francisco y Miami y Los Ángeles y Filadelfia y St. Louis y Atlanta y Greenwich Village y Houston y muchos otros lugares.

Me sentaba junto a la ventana abierta en Nueva Orleans y miraba las calles en las noches de verano y tecleaba, y cuando vendí la máquina de escribir en San Francisco para emborracharme, no pude dejar de escribir ni de beber, así que escribí los cuentos a mano durante años y luego los adorné con ilustraciones para que llamaran la atención.

Ahora en teoría no puedo beber y tengo otra máquina de escribir. He encontrado un trabajo pero no sé si duraré mucho. Soy débil y enfermo con facilidad, y estoy nervio-

so todo el rato, supongo que tengo algún que otro corto-
circuito, pero me ayuda a acariciar las teclas de nuevo, a
tocarlas y escribir versos y relatos, a hacer que las personas
caminen y hablen y cierren puertas. Y ahora *Story* ha pasado a mejor vida.

Quiero darte las gracias por tener tanta paciencia conmigo, Burnett. Sé que muchos de los cuentos eran pésimos, pero qué tiempos aquellos, cuando vivía en el 438 de
Fourth Ave., y ahora, al igual que todo lo demás, los cigarrillos y el vino y los gorriones bizcos bajo la media luna
han desaparecido. Una pena de lo más deprimente. Adiós,
adiós.

[A Caresse Crosby]
9 de diciembre de 1954

Recibí la carta que me enviaste desde Italia (en respuesta a la mía) hará cosa de un año. Gracias por acordarte de mí. Saber de ti me animó mucho.

¿Sigues publicando? Tengo algo que me gustaría que
vieras, aunque necesitaría una dirección para enviártelo.

He vuelto a escribir. [Charles] Shattuck, de la revista
Accent, dice que mi obra no es apta para publicarse, pero
que quizá dentro de un tiempo «el gusto de los lectores se
pondrá al día». ¡Por Dios!

En la carta del año pasado me enviaste un puñado de
folletos o algo en italiano. Me confundes con un erudito
porque no pude leerlos. Ni siquiera soy un artista de verdad, sino una especie de impostor que escribe desde el asco
más absoluto. Pero cuando veo lo que escriben los demás,
sigo adelante. ¿Acaso me queda otra? [...]

He encontrado otro trabajo penoso. Lo odio, pero por

primera vez en la vida tengo dos pares de zapatos (me gusta emperifollarme cuando voy al hipódromo y hacerme pasar por un ferviente devoto de las carreras). Llevo 5 años viviendo con una mujer 10 años mayor que yo. Me he acostumbrado a ella y no tengo ganas de buscar algo nuevo ni de separarme.

Envíame por favor tu dirección si sigues publicando, y gracias de nuevo por acordarte de mí y escribirme.

1955

Gracias por devolverme los cuentos y la nota adjunta.

Estoy algo mejor, aunque casi fallecí en el ala para pobres del hospital general. Son expertos en pifiarla y si has oído algo malo sobre ellos, seguramente es cierto. Estuve 9 días ingresado y me cobraron 14,24 dólares al día. Vaya ala para pobres. Escribí un cuento sobre la experiencia titulado «Cerveza, vino, vodka, whisky; vino, vino, vino» y lo envié a *Accent*. Lo rechazaron y me dijeron: «... una auténtica sangría. Tal vez algún día el gusto de los lectores se pondrá al día.»

Por Dios, espero que no. [...]

Por cierto, en la nota decías que nunca me habías publicado. ¿Tienes un ejemplar del número de marzo-abril de 1944 de *Story*?

Ya tengo 34 años. Si no triunfo antes de los 60, me daré un plazo de 10 años.

Carol Ely Harper editó la revista Experiment *en la que publicó un poema de Bukowski en 1961. El poema «A Note to Carl Sandburg» sigue inédito; Bukowski dejó a medias* Un lugar para pasar la noche *después de que la editorial Doubleday rechazara varios capítulos.*

[A Carol Ely Harper]
13 de noviembre de 1956

Los poemas que mencionas siguen disponibles; no guardo copias y por lo tanto no recuerdo los poemas íntegramente, pero me alegra sobremanera que hayas aceptado «A Note to Carl Sandburg». Lo escribí sobre todo para mí, pensaba que nadie tendría agallas de publicarlo.

Tengo 36 años (16-8-1920) y mi primera publicación (un cuento) fue en la revista *Story* de Whit Burnett en 1944. Por aquella época *Matrix* publicó varios poemas y relatos en 3 o 4 números, y *Portfolio* un cuento. Esas revistas ya no existen. Y, ah, sí, un cuento y varios poemas en *Write*, una especie de revista que solo sacó uno o dos números. Durante los 7 u 8 años siguientes apenas escribí. Me dediqué a beber. Acabé en el ala para pobres del hospital con el estómago agujereado y vomitando sangre a raudales. Necesité una transfusión de más de tres litros para seguir con vida. No soy el mismo hombre de antes, pero he vuelto a escribir.

Ayer recibí una nota de España de una tal señora Hills diciendo que había aceptado uno de mis poemas para la revista *Quixote*. Y me publicarán varios cuentos y poemas en el próximo número de *Harlequin*, una revista nueva que antes estaba en Texas y ahora en Los Ángeles. Me han pedido que pase a formar parte del equipo editorial y he aceptado. Ha sido una experiencia en la que he aprendido de todo: hay infinidad de escritores que no saben escribir, siguen usando los mismos lugares comunes y fórmulas caducas, y tramas desfasadas, y poemas sobre la Primavera y el Amor, y poemas que se creen muy modernos porque usan jerga y staccato o minúsculas para todo, o, o, ¡¡¡o!!!... Me honra mucho que me hayas invitado a participar en el *Experiment Group*, pero no puedo hacerlo. Como debes de saber después de tu crisis nerviosa, siempre nos falta tiempo. Trabajo 44 horas a la semana en algo anodino y mal pagado y estudio por la noche cuatro veces a la semana (dos horas cada noche y un par de horas de deberes). He empezado un curso de diseñador gráfico de publicidad que dura dos años, si es que aguanto tanto (es lo de la escuela nocturna), y también he comenzado mi primera novela, *Un lugar para pasar la noche*. Si me prodigo en detalles es porque es posible que no pueda enviarte un par de obras de teatro de un minuto. De todos modos, conociéndome, lo intentaré, aunque el teatro no me emociona mucho que digamos. Ya veremos.

Los cuatro poemas mencionados en la siguiente carta aparecieron en el primer número de Nomad *en 1959.*

[A los editores de *Nomad*]
Septiembre de 1958

Me complace que os hayan gustado 4 de mis poemas. Es un buen número y un balón de oxígeno que me durará bastante. O el mundo de la poesía se está abriendo o lo estoy haciendo yo, o tal vez ambos. En cualquier caso, me alegro y no está mal sentirse así de vez en cuando. [...]

En cuanto a mí, soy algo mayor para mis primeros pinitos poéticos: cumplí 38 el pasado 16 de agosto y me siento y parezco mucho mayor. Llevo un par de años metido en la poesía después de unos 10 años de sequía autoinfligida e infeliz, aunque con algún que otro buen momento. No soy de los que piensan que un pasado desperdiciado es una pérdida absoluta (hay música en todo, hasta en la derrota), pero después de haber estado a punto de morir en un ala para pobres del hospital, empecé a tomarme las cosas con más calma y me volqué en la poesía: un infierno. Antes, de joven, escribía relatos y Whit Burnett, el que descubrió a W[illiam] Saroyan y a otros y fundó la entonces legendaria revista *Story*, me alentó bastante. Acabó aceptando uno de mis cuentos en 1944 a mis tiernos y fogosos 24 años (solía enviarle entre 15 y 20 relatos al mes y los rompía cuando los recibía de vuelta). Publiqué 3 o 4 cuentos en *Matrix* y otro en *Portfolio*, una prestigiosa revista internacional, y luego digamos que lo tiré todo por la borda hasta hace un par de años, cuando empecé a escribir solo poesía. Nadie picó el primer año, pero luego aparecí (y así nos ponemos al día) en *Quixote, Harlequin, Existaria, The Naked Ear, The Beloit Poetry Journal, Hearse, Approach, The Compass Review* y *Quicksilver*. Mis poemas también saldrán en *Insert, Quixote, Semina, Olivant, Experiment, Hearse, Views, The Coercion Review, Coastlines, Gallows* y *The San Francisco Review*. *Hearse* publicará a comienzos del año que viene un librito de poemas míos, *Flor, puño y aullido bestial...* De joven fui al L.A. City College y me matriculé en una asignatura de periodismo, pero la verdad es que apenas miro el periódico cada 2 o 3 días. Hará cosa de un año volví allí para estudiar Letras por la noche e hice varias asignaturas de diseñador gráfico de publicidad, pero eran demasiado lentos para mi gusto y exigían demasiadas muestras de respeto. No tengo talento ni oficio claros, y si sigo con vida es por pura magia. Eso es todo, escoged lo que más os guste.

1959

[A Anthony Linick]
6 de marzo de 1959

[...] Diría que muchos poetas, al menos los honestos, confesarán que no tienen manifiesto alguno. Es una confesión dolorosa, pero la poesía no necesita desglosarse en categorías críticas. No digo que la poesía tenga que ser un payaso irresponsable y libidinoso que arroje palabras al vacío a toda prisa. Pero un buen poema ya tiene razón de ser por sí solo. Estoy al tanto del New Criticism y del Newer Criticism y de la escuela de pensamiento Blue Guitar, de la Escuela Inglesa que promueve Paris Leary, de la escuela de las imágenes de *Epos* y *Flame*, etc., etc., pero establecen exigencias estilísticas y metodológicas, no de contenido, aunque también existen restricciones en este sentido. El arte es su propia excusa, o es arte o es otra cosa. O es un poema o es un trozo de queso.

«Manifiesto: Exigimos nuestros propios críticos», de Bukowski, apareció en el número doble 5/6 de Nomad *en 1960.*

[A Anthony Linick]
2 de abril de 1959

[...] Le estoy dando vueltas al «manifiesto» que [creo] te envié ayer. No tengo una copia a mano, pero creo que escribí «estemos justos» y eso no me ha dejado dormir en mi solitaria choza (las putas andan con idiotas que se complican menos la vida). Creo que sería más correcto decir «seamos justos», ¿no? ¿Hay algún gramático en *Nomad?* En mi tierna juventud (ah, ¡cómo pasan los años!) suspendí en lengua en el viejo y querido L.A. City College porque todas las mañanas llegaba borracho a clase a las 7.30. La borrachera no era lo peor, sino que la clase empezaba a las 7, casi siempre con interpretaciones solemnes de Gilbert y Sullivan, las cuales estoy seguro de que habrían acabado conmigo. En el segundo año de lengua saqué sobresaliente o notable porque la profesora se dio cuenta de que me pasaba el día mirándole las piernas. Vamos, que no me fijé demasiado en la gramática, así que escribo por amor a la palabra y al color, como si arrojase pintura contra un lienzo, y como tengo buen oído y he leído aquí y allá, no suele salirme mal del todo, pero desde un punto de vista técnico no sé qué estoy haciendo y me da igual. Seamos justos. Seamos justos. Seamos...

[A Anthony Linick]
22 de abril de 1959

[...] Tengo que irme a toda prisa para llegar a tiempo a la primera carrera. Gracias por restarle importancia a mi desconocimiento de la gramática al decir que tus colegas universitarios tienen problemas con la estructura de la oración. Creo que esto les pasa a algunos escritores porque, en el fondo, son rebeldes y las normas gramaticales, como la mayoría de las normas del mundo, llevan a un aborregamiento del que el escritor reniega de manera natural; además, sus intereses se centran en temas más amplios

31

y profundos... Hemingway, Sherwood Anderson, Gertrude Stein o Saroyan fueron de los pocos que cambiaron las normas, sobre todo en temas de puntuación y fluidez narrativa. Por supuesto, James Joyce fue mucho más allá. Nos interesa el color, la forma, el significado, la fuerza..., los pigmentos que realzan el alma. Pero para mí es muy distinto pasar de la gramática que pasar de leer, y son los que leen poco y no están preparados, los primeros en querer publicar sin tener los rudimentos básicos, los que más me contrarían. Está claro que la escuela de la *Kenyon Review* nos lleva mucha ventaja en este sentido, aunque se han entusiasmado tanto que han perdido el esplendor creativo.

James Boyer May editó y publicó Trace, *revista en la que aparecieron fragmentos de la correspondencia de Bukowski en varios números.*

[A James Boyer May]
Comienzos de junio de 1959

[...] En cuanto a quienes dudan de mi salud mental, creo que se trata de una malinterpretación de mis intenciones poéticas. Mis poemas no son esmerados, sino expresiones más bien fortuitas y arbitrarias que persiguen una mayor fluidez con la esperanza de abrir un camino nuevo y más vivo. En ocasiones sí que personalizo, pero solo por la elegancia y el brío de la danza.

William J. Noble reseñó en términos negativos en el número 32 de Trace *(1959) los cuatro poemas de*

Bukowski que aparecieron en el primer número de Nomad.

[A Anthony Linick]
15 de julio de 1959

Me gustaría escribirte sobre lo que dijo el Noble Cabrón en *Trace* 32, y que quede entre nosotros. Me sobrepasa que este embajador, este conservador procedente de los auditorios de los iconos y los devotos fervientes, los rasgueadores de rondós y olfateadores de lirios, este bribón se erija en crítico especial del conocimiento literario. Necesitaría un antiséptico bien fuerte para superarlo, un cuodlibeto no me bastaría.

El mundo está repleto de revistas literarias, un lodazal interminable y sinsentido para quienes desean continuar en una espiral descendente, ya sean gnósticos, mariposones o abuelas con canarios y peces de colores. No entiendo por qué estos reaccionarios no se contentan con lo suyo, por qué tienen que lacerarnos con sus almas apergaminadas y el monstruo marino que veneran como a su Dios. Lo cierto es que me importa un bledo lo que publiquen en sus revistas: no pido limosna para la poesía moderna. No obstante, buscan pelearse con nosotros. ¿Por qué? Porque no soportan el olor a vida, quieren hundirnos en la misma espuma y esputo que los ha atontado con el deísmo de la poesía anquilosada del siglo pasado.

Noble considera que soy descarado y sexy cuando digo que «jugueteo con pechos planos». No hay nada menos sexy, aunque sí que hay cosas menos descaradas. Esos pechos planos son una tragedia para la poesía y la vida, y quienes vivimos la vida y también escribimos sobre ella deberíamos saber que si abusamos de nuestros sentimien-

33

tos en este sentido ya puestos podríamos pasar por alto la caída de Roma, el cáncer o las piezas para piano de Chopin. Y «jugar a los dados con Dios» será lo único que quede cuando el aire se llene de destellos de color púrpura y las montañas abran la boca para rugir y los cohetes solo aterricen en el infierno.

Tal vez me falte criterio para comprender bien a Noble, pero el que se inquiete por cosas que no son iguales o parecidas quizá indique que no soy yo el egoísta. He publicado poemas conservadores en revistas conservadoras, pero no les he pedido que se pasen a mi bando. Me he limitado a sonreír y he pensado que he estado en el campo del enemigo, me he tirado a sus tías, he jugueteado con pechos planos y con pechos no tan planos y me he alejado furtivamente, incólume, libre, sintiéndome todavía rapaz, machote e ingenioso. Supongo que a eso es a lo que Noble se refiere cuando dice que «Bukowski tiene talento». Todo un detalle por su parte. Y los pechos no tan planos me gustaron.

[A James Boyer May]
13 de diciembre de 1959

La otra noche vinieron a verme un editor y un escritor (Stanley McNail de *The Galley Sail Review* y Álvaro Cardona-Hine) y el que me encontraran en un estado desastrado no fue del todo culpa mía: anunciaron la visita igual que se anuncia un ataque con una bomba de hidrógeno. Tengo una duda: ¿los escritores pasan a ser una propiedad pública que se saquea sin previo aviso o conservan el derecho a la intimidad propia de los contribuyentes? ¿Sería un craso error decir que la única eucaristía de muchos artistas (todavía) es el aislamiento de una sociedad cada vez más cerrada? ¿O es algo ya en desuso?

No me parece quisquilloso ni innoble mantenerse al margen del opiáceo del exclusivismo y la hermandad de chupópteros que predomina en la mayoría de las publicaciones que se creen de vanguardia.

[...] Pues bien, al menos el editor se bebió una cerveza conmigo, pero el escritor no quiso, así que me bebí la suya también. Hablamos sobre Villon, Rimbaud y *Las flores del mal* de Baudelaire (fue una noche muy a la francesa ya que ambos visitantes se esmeraron en usar los títulos de las obras de Baudelaire en francés). También hablamos de J. B. May, Hedley, Poots, Cardona-Hine y Charles Bukowski. Cuestionamos, difamamos y acorralamos. Ya agotados, el editor y el escritor se pusieron en pie. Mentí, les dije que me alegraba de verlos, los criados y las cagarrias, las barrenas y los destellos, la luz sosegadora de Lucifer. Se marcharon, abrí otra cerveza, alucinado por el desenfado de los editores modernos. [...] Que me aspen si esto es escribir, si esto es poesía: he ganado 47 dólares en 20 años como escritor y creo que esos 2 dólares anuales (sin contar sellos, papel, sobres, cintas, divorcios y máquinas de escribir) me dan derecho a la intimidad propia de cierta locura, y si tengo que ir de la mano de dioses de papel para promocionar unos versitos vomitivos, me quedaré con el enquistamiento y el paraíso del rechazo.

[A James Boyer May]
29 de diciembre de 1959

[...] Mi postura siempre ha sido la del aislacionista que cree que lo único que importa es la creación del poema, la forma artística más pura. Lo de menos es mi personalidad, en cuántas cárceles he holgazaneado, cuántos recitales poéticos para corazones solitarios he evitado. El alma de un hombre, o su ausencia, quedará patente cuando estampe sus palabras en un folio en blanco. Y si veo más poesía en la recta final del hipódromo de Santa Anita o borracho debajo de un platanero que en una habitación llena de humo de lavanda, eso es asunto mío y solo el tiempo dirá cuáles eran las circunstancias más propicias, no un editor de tres al cuarto con facturas de la imprenta pendientes que intenta aprovecharse de las suscripciones y las colaboraciones. Si los chicos quieren forrarse, siempre hay mercado para ello, como haría John Dillinger con las viudas solitarias.

Ojalá no descubramos algún día que la poesía de John Dillinger era mejor que la nuestra y que *Kenyon Review* estaba en lo cierto. Ahora mismo, debajo del platanero, comienzo a ver gorriones donde antes veía halcones, y su canto no es demasiado afligido.

1960

[A James Boyer May]
2 de enero de 1960

[...] Sí, las «pequeñas» revistas las publican, en su mayoría, una pandilla de jóvenes irresponsables, entusiasmados por estar en la universidad, que esperan ganar dinero. Empiezan con ideales apasionados e ideas ambiciosas, notas de rechazo largas y explicativas, para acabar olvidando la pila de manuscritos detrás del sofá o en el armario, muchos de los cuales se pierden o no se devuelven, y luego sacan a toda prisa una selección insulsa y deslavazada de poemas llenos de errores tipográficos chapuceros antes de casarse y desaparecer del mundillo con comentarios del tipo «por falta de apoyo». ¿Por falta de apoyo? ¿Quiénes coño son para merecérselo? Lo único que han hecho es camuflarse tras la fachada del Arte, pensar el nombre de una revista, promocionarla y esperar los poemas de los mismos 200 o 300 nombres trillados que se creen los mejores poetas del país porque un idiota de 22 años con bongós y un billete suelto de 50 dólares acepta sus peores poemas.

Guy Owen fue novelista, editor, crítico, poeta y profesor; publicó la poesía de Bukowski en la revista Impetus *en 1960.*

[A Guy Owen]
Comienzos de marzo de 1960

Es posible ser «conservador» y publicar buena poesía. Gran parte de lo «moderno» tiene la desfachatez propia de los jóvenes sin experiencia ni sensibilidad (véase *Hearse*). Hay poetas impostores en todas las escuelas, gente que está en el lugar equivocado, pero acaban desapareciendo porque la vida los engulle junto con lo demás. La mayoría de los poetas son jóvenes, todavía no han sido atrapados por la maquinaria de la vida. Los pocos poetas mayores son locos o genios. Pasa lo mismo con los pintores. No estoy tan seguro porque, aunque pinto, no es mi especialidad, pero supongo que es parecido, y ahora recuerdo a un viejo conserje francés que conocí en uno de mis últimos trabajos. Un conserje a tiempo parcial, encorvado, bebedor. Me dijo que pintaba siguiendo una fórmula matemática, un cálculo filosófico de la vida. Lo anotaba antes de pintarlo. Se trataba de un plan monumental que iba pintando poco a poco. Me aseguró que hablaría con Picasso. No pude evitar reírme: allí estábamos, un expedidor y un conserje desarrollando teorías estéticas mientras nos rodeaban hombres que ganaban 10 veces más que nosotros pero que estaban más solos que la una. ¿Qué nos dice eso del modo de vida norteamericano?

Jon E. Webb fue uno de los mayores incondicionales de Bukowski: publicó su poesía en todos los números de The Outsider *(1961-1969), así como sus dos primeros hitos literarios,* Atrapa mi corazón en sus manos *(1963) y* Crucifijo en una mano inerte *(1965).*

Webb fue uno de los pocos editores a quienes Bukowski elogió en público.

[A Jon E. Webb]
29 de agosto de 1960

[...] Si necesitas una semblanza... tal vez consigas sacar algo en claro de este caos. Nací el 16-8-1920 en Andernach, Alemania, pero no hablo nada de alemán, y mi inglés deja mucho que desear. Los editores me dicen, sin que venga a cuento, Bukowski, no sabes deletrear ni escribir a máquina y sigues usando la misma maldita cinta. Es que no saben que esa cinta se me enredó en el cordón umbilical y que desde entonces he intentado regresar con mi madre. Deletrear bien me aburre..., creo que las palabras son más bonitas y poderosas cuando se escriben mal. Pues nada, ya soy un tipo mayor: 40 añitos. Estoy más acostumbrado a los gritos y a las situaciones difíciles que cuando tenía 14 y mi viejo me daba palizas a base de bien sin miramientos. ¿Por dónde íbamos? Le daré otro sorbo a la cerveza... *Targets* ha aceptado seis poemas míos para el número de diciembre... «Horse on Fire», «Pull Me Thru the Temples» y otras porquerías. Me publicarán otro poema, «Japanese Wife», en el número de septiembre. No está nada mal y así tendré ganas de vivir 3 o 4 semanas más. Te lo cuento porque me hace feliz a mi manera y estoy bebiendo cerveza. No me interesa tanto la fama como la sensación de que no estoy loco y de que las cosas que digo se entienden. Qué buena está la cerveza mientras miro por la ventana soleada, ¡jo, jo!, ni una mujer por aquí, joder, ni caballos que ganan por los pelos, ni cáncer, ni Rimbaud ni DeMass pudriéndose de sífilis, solo flores de color naranja sin abejas y el césped de California pudriéndose sobre los huesos californianos putrefactos. Un momento. Abro otra cerveza. Iré 3 o 4 días a Del Mar para ganar el dinero del alquiler, he ideado un nuevo sistema para ganar las carreras por los pelos.

Empezaré otro párrafo. Es lo que Ger[trude] Stein me habría dicho, pero Ger. St. es otra historia. Todos estamos en lo cierto a nuestro modo, solo que algunos contamos con la ayuda de las abejas y los dioses y las lunas y los tigres que bostezan en cuevas oscuras con música de Serg[uéi] Rachmáninov y César Franck y fotos de [Aldous] Huxley hablando con [D. H.] Lawrence, borrachos. Maldita sea: la semblanza, la semblanza, la semblanza..., me sabe mal, pero tengo que seguir. Son chorradas, pero no sé, joder, una noche estaba borracho y le di una buena hostia a mi viejo a los 17, y me largué de la ciudad. No me la devolvió y me sentó mal porque eso formaba parte de mí..., me miraba desde el sofá como un cobardica. Viajé por todo el maldito país y trabajé casi gratis para que a otros les fuera bien. No soy un rojillo, paso de la política, pero las cosas están mal. Trabajé en un matadero, en una fábrica de pienso para perros, en el Di Pinna's de Miami, de mecanógrafo en el *Item* de Nueva Orleans, en un banco de sangre de San Francisco, colgué pósters en el metro de Nueva York a varios metros bajo tierra, borracho, saltando por entre los terceros rieles dorados, recogí algodón en San Bernardino, tomates; expedidor, camionero, aposté en las carreras de caballos, me senté horas y horas en taburetes de bar en un país aburrido y pendiente de las alarmas, viví de las putas; encargado para American News Co. en Nueva York, reponedor en Sears-Roebuck, encargado de gasolinera, cartero... No recuerdo todos los trabajos, es algo bastante anodino y normal y cualquiera que esté en la cola del paro habrá hecho cosas similares. [...]

¿Por dónde íbamos? Por Dios. Pues bien, mientras trabajaba escribí un par de poemas, me los publicaron en *Matrix*, y luego me aburrí de la poesía y empecé a meterle mano a los cuentos. Por cierto, acabo de recibir una carta de [Evelyn] Thorne, quien publica mis poemas más clásicos y afectados (mierda, escribo de cualquier manera, no tengo remedio), y me puso de vuelta y media por maldessir. Un momento. A ver. Los cuentos. Whit Burnett, de la legendaria revista *Story*, publicó mi primer relato en 1944. Tenía 24 años y vivía en Greenwich Village, en Nueva York, y ya el primer día me di cuenta de que el Village estaba muerto, era el espejismo de los buenos tiempos. Joder, qué farsa. Recibí una carta de una agente que me invitaba a comer y a tomar una copa..., quería hablar conmigo y ser mi agente. Le dije que no estaba preparado para verla, que no sabía escribir y me despedí, y me puse a beber vino debajo de la cama. Acabé en uno de los locales religiosos de Father Divine a las 6 de la madrugada, borracho, en la calle (me había dejado las llaves dentro de casa) y muriéndome de frío en mangas de camisa. ¿Me habías pedido una semblanza, Webb? Bueno, qué coño, ni ziquiera has haseptado mis pomeas.

Pues nada, publiqué algún que otro cuento aquí y allá, no muchos. Los enviaba por correo a *Atlantic Monthly*, y si no los aceptaban los rompía. No sé cuántas miles de obras maestras rompí. *Pro none*. Varias personas me han pedido que escriba una novela. Que les den. No escribiría una novela ni aunque me lo suplicara Jruschov. Mandé todo a la mierda durante 10 o 15 años, no escribí nada. No superé el test del chiquiatra del ejército. Me sentó bien. Llevaba los pantalones cortos del revés, pero no fue a propósito, venía de una borrachera de cuatro semanas. ¡Los muy joputas pensaron que estaba loco!

A ver, Wegg, quiero decir Webb, voy a por otra birra. ¿Cómo es posible que pases 21 días sin beber? Es una locura. Una vez acabé en el ala para pobres del hospital..., me salía sangre a chorros por la boca y el culo..., me dejaron tirado 2 días en una cama antes de hacerme caso, luego se les ocurrió la absurda idea de que tenía contactos en los bajos fondos y me metieron sin parar casi tres litros y medio de sangre y cuatro de glucosa. Me dijeron que si volvía a beber la palmaría. Al cabo de 13 días conducía un camión, levantaba paquetes de más de 20 kilos y bebía vino barato lleno de azufre. No se enteraban de nada: quería palmarla. Pero, como bien saben algunos suicidas, la estructura humana puede ser dura como el acero.

Un momento Webb, ¿p dónde íbamos?

Pues bien, salí de este periodo de 10 o 15 años de borrachera, trabajos de mierda, terror, nueces en las sábanas, cáscaras de nueces, ratones que saltaban como cohetes por habitaciones de las que debía tres semanas de alquiler, sueños resacosos, patatas verdes, pan púrpura, el amor de mujeres gordas y viejas que te hacían llorar por sus barriguitas cerveceras, y amor reseco y rosarios debajo de la almohada y fotos de niños impuros..., nada que haga que un hombre se sienta salvaje y audaz porque solo quiere ahorcarse. Las mujeres eran mejores que nosotros, todas y cada una de ellas. No existen las putas. Me han robado, dado de hostias y pegado ladillas, pero te digo que no existen las putas. Las mujeres no son así. Los hombres, sí. El término correcto sería putonato. Yo era uno. Lo sigo siendo. Pero continuemos.

Al cabo de 10 o 15 años empecé a escribir de nuevo..., tenía 35 años y solo me salía POESÍA. ¿Qué coño me pasaba? Me di cuenta de que ahorraba palabras... A Ger. también le habría gustado eso, y aunque está claro que aquí no paro de desperdiciar palabras, seguro que se me perdonará..., porque alguien tiene el cortacéspedes encendido y ZUMBAAAAAAAA, pero no pasa nada, el sol entra por la ventana y suena algo en la radio..., no sé el qué..., lo habré escuchado una o 2dos veces, estoy harto de lo mismo... Beethoven, Brahms, Bach, Chaikovski, etc.

Pues nada, le metí mano a la poesía y me lo pasé bien. No me salió mal del todo. Empiezo a cansarme y no sé cómo seguir.

Bueno, me han publicado en muchos sitios, tengo un cajón lleno de pequeñas revistas en lugar de camisas.

He tenido, o tuve, algunos dioses: Ezra P. antes de que comenzara a cartearme con una antigua amante suya [Sheri Martinelli]... Por supuesto, [Robinson] Jeffers sigue con vida. Eliot me pareció un oportunista, acudía a los dioses escurridizos que daban los premios sin bombo ni platillo, lo cual no está nada mal y es admirable, pero le faltaba humanidad, el hervor de la sangre, los vagabundos indigentes y moribundos en ropa interior que llevan 4 semanas sin ducharse. No estoy poniendo a Eliot por los suelos, sino a la educación y sus dientes postizos. Aprendería más de la vida hablando con un basurero que con T. S. o, ya puestos, que contigo, Jon E. W. ¿Por dónde íbamos? [...]

Jon, espero que te guste algún poema entre todas las malditas melodías... No lo sé, estoy cansado..., todo el mundo riega el césped..., no está mal. Pues nada, esta es la semblanza.

Perdí el boli,

A por ellos con divagaciones carcelarias...

Felix Stefanile publicó un poema de Bukowski en el número 14 de The Sparrow *en 1960.*

[A Felix Stefanile]
19 de septiembre de 1960

No soy un «ratón de biblioteca» ni un «mariquita»...

Tu crítica es acertada: el poema que te envié era flojo y repetitivo, pero he aquí la clave del asunto: MEJORAR los poemas no es lo mío. Hay demasiados poetas que revisan de forma demasiado concienzuda sus poemas y cuando lees lo que publican parece que dicen... fíjate bien en este POEMA. Diría incluso que un poema no debería ser un poema, sino un fragmento de algo que sale bien. No creo en técnicas, escuelas ni mariquitas..., creo que hay que aferrarse a las cortinas como un monje borracho... y arrancarlas, arrancarlas, arrancarlas...

Espero enviarte algo pronto y, créeme, prefiero con creces tu crítica a un «lo sentimos» un «no» o un «no tenemos espacio».

[A Jon Webb]
Finales de septiembre de 1960

[...] He recibido hoy tu postal y estoy de acuerdo contigo, es bien posible hablar de la vida en la poesía. Aprendo más de quienes nunca han oído hablar de Dylan o Shakey o Proust o Bach o Picasso o Remb. o ruedas de colores o yo qué sé qué. Conozco a un par de boxeadores (uno lleva 8 victorias consecutivas), un par de personas que apuestan en las carreras de caballos, varias putas, exputas y alcohólicos, pero los poetas son de lo peor para la digestión y la sensibilidad, y sería fácil meterme más con ellos, pero seguramente son mejores de como los pinto, y me equivoco en muchas cosas. [...]

Estoy de acuerdo contigo en lo de la «poesía poética», y tengo la impresión de que casi toda la poesía, pasada y presente, es un auténtico fracaso porque la intención, la orientación y el énfasis no son como tallar en piedra, comerse un sándwich o tomarse una copa, sino que más bien es como si alguien dijera: «Fíjate, he escrito un poema..., ¡este es mi POEMA!»

W. L. Garner y Lloyd Alpaugh publicaron la poesía de Bukowski en varios números de Targets.

[A W. L. Garner]
9 de noviembre de 1960

[...] Creo que hay demasiada poesía que se escribe como «poesía» en lugar de concepto. Es decir, nos esforzamos más de la cuenta para que los poemas «suenen» poéticos. Ya lo dijo Nietzsche cuando le preguntaron sobre los poetas: «¿Los Poetas? ¡Los Poetas mienten demasiado!» El poema, por su propia naturaleza, nos permite decir muchas cosas en poco espacio, pero la mayoría decimos más de lo que sentimos, o cuando somos incapaces de ver o esculpir, recurrimos al lenguaje poético, cuyo principal representante y albacea es la palabra ESTRELLA.

[...] Hace tiempo me comentaste que rechazabas a diestro y siniestro la obra de algunos «nombres» ilustres. Eliges lo que te gusta, y al fin y al cabo esa es la labor del editor. Una vez fui editor de *Harlequin* y tengo cierta idea de la poesía que se envía a las revistas, de la poesía de aficionados, pretenciosa y nada original que llega por correo. Si publicar «nombres» es sinónimo de publicar buena poesía, entonces los autores desconocidos tendrán que escribir buena poesía para entrar en el mundillo. ¿De qué sirve rechazar a los «nombres» y publicar poemas mediocres de desconocidos? ¿Es eso lo que quieren? ¿Una nueva forma de bajar el listón? ¿Acaso tendríamos que reemplazar a Beethoven y Van Gogh por las tonadillas y los bocetos de la señora que vive al otro lado de la calle porque nadie ha oído hablar de ella? Mientras fui editor de *Harlequin* solo publicamos a UN poeta hasta entonces desconocido, un joven de 19 años de Brooklyn, si no me falla la memoria..., y, aun así, tuvimos que recortar bastante los 3 o 4 poemas que nos envió. Después de aquello, no volvió a enviarnos nada que valiese la pena. Y también recibimos cartas furibundas de conocidos y desconocidos. Me tiraba horas escribiendo cartas de rechazo de 2 o 3 páginas para explicarles por qué los poemas no tendrían cabida en la revista en lugar de limitarme a decir «lo siento, no» o enviarles una nota de rechazo impersonal. Pero perdí horas de sueño para nada: tendría que haber escrito los poemas que no escribí y no tendría que haberme perdido las borracheras, obras de teatro y carreras de caballos que me perdí, al igual que las óperas, las sinfonías..., porque MIS ESFUERZOS, mis esfuerzos por ser cordial, honesto y comprensivo, se vieron recompensados con cartas repletas de resentimiento, quejas, insultos, vanidad y ganas de pelea. No me habría importado un análisis sólido de mis errores, pero ¿esos gimoteos y ataques? No, gracias. Me pareció muy raro que la gente fuese tan «cabrona» (por usar su terminología) y escribiese poesía, pero tras haber conocido a unos cuantos poetas, sé que es perfectamente posible. Y no me refiero a la lucha limpia, la rebeldía, el valor, sino a los arribistas desprovistos de espiritualidad.

Bukowski criticó los Cantos *de Pound en el poema «Horse on Fire», publicado en el cuarto número de* Targets *en 1960.*

[A W. L. Garner y Lloyd Alpaugh]
Finales de diciembre de 1960

[...] El viejo Ez[ra Pound] se pondrá hecho una furia cuando lea «Horse on Fire», pero hasta los grandes se equivocan a veces y es cosa nuestra corregir sus modales. Y Sheri Martinelli se quejará, pero ¿por qué lloriquearon por su delicado canto y me lo contaron luego? Soy un tipo peligroso cuando se me deja solo frente a una máquina de escribir.

1961

[A Jon Webb]
Finales de enero de 1961

[...] Fracasamos cuando comenzamos a mentirnos en los poemas solo porque queremos crear un poema. Por eso nunca reviso nada y dejo todo tal cual lo escribo; si he mentido en un principio, no sirve de nada revisar los poemas, y si no he mentido no tengo nada de lo que preocuparme. A veces leo poemas en revistas como *Poetry* de Chicago y noto que los han cepillado y pulido. Paso las páginas y nada, solo mariposas, mariposas casi sin vida. Me quedo anonadado cuando leo esta revista porque no tiene chispa, no pasa nada. Y supongo que creen que eso es poesía: una gran nada sin chispa. Hablan de algo bien presentado, pero es tan sutil que no transmite nada. Y piensan que eso es arte inteligente. ¡Gilipolleces! El arte solo es inteligente si te sacude las entrañas, de lo contrario es pura cursilería, ¿y cómo es posible que *Poetry* esté llena de cursiladas? Ya me dirás.

Allá por 1956, cuando empecé a escribir poesía ya mayorcito a los 35 años después de haberme desangrado por la boca y el culo (ahora soy más sensato y no bebo whisky, aunque una mujer dice que el viernes pasado estuve tambaleándome en su casa bebiendo oporto), pues bien, en 1956 la revista *Experiment* aceptó varios poemas míos y ahora, al cabo de 5 años, me dicen que publicarán uno de ellos. Nunca había visto a nadie tomarse las cosas con tanta calma. Me dicen que saldrá en junio de 1961 y supongo que cuando lo lea será como una especie de epitafio. La editora me sugirió que enviase 10 dólares y participase en el *Experiment Group*. Por supuesto, le dije que no. Joder, si hoy hubiera apostado diez dólares más al caballo ganador ahora estaría saltando de alegría.

Corrington dice que Corso y Ferlinghetti tienen talento. No leo tanto como debería, pero creo que el poeta moderno tendría que reflejar la corriente de la vida moderna, no hay que seguir escribiendo como Frost, Pound, Cummings o Auden, es como si se hubieran desviado de la meta dando traspiés, se han quedado antiguos. Siempre he pensado que Frost daba traspiés y que se salió con la suya a base de sandeces. Y sí, cierto, le dejaron que hablara en medio de la nieve el día de la inauguración, y parecía un muñeco sin vida y ciego, balbuceando ideas pobres. Pues muy bien. Si sigo viendo cosas así acabaré haciéndome miembro del partido comunista o me pondré un brazalete negro o dejaré que un marica me haga lo que quiera. Espero no olvidarlo cuando me haga viejo, pero Frost siempre ha sido el favorito, y si alguna vez ha arriesgado, se lo ha tenido bien callado. [...]

Una vez estaba en Atlanta y apenas veía el final del cable de la luz..., estaba cortado y no había bombilla y vivía en una casucha sobre un puente que me costaba un dólar y veinticinco centavos a la semana..., me moría de frío mientras intentaba escribir, aunque lo que más deseaba era beber y el sol de California estaba bien lejos, y pensé: qué coño, me calentaré un poco, y alargué la mano y toqué el cable, pero no había electricidad y salí fuera y me quedé debajo de un árbol congelado y por una ventana empañada por el frío gélido vi a un tendero vendiendo un pan a una señora y se pasaron diez minutos hablando de nada, y los observé y juro juro que dije: ¡a la mierda con todo!, y miré hacia lo alto y las ramas del árbol congelado apuntaban hacia un cielo que nunca me había visto, y me dijo: no te conozco y eres un don nadie. Cómo me dolió. Si los dioses existen, su función no es torturarnos y ponernos a prueba para ver si sobreviviremos en el futuro sino hacernos algo bueno en el presente, joder. El futuro no es más que una mala corazonada, ya lo dijo Shakespeare; de lo contrario iríamos de cabeza allí. Pero solo vemos las cosas con claridad cuando estamos entre la espada y la pared. Todo lo demás son conjeturas, conjeturas y gilipolleces y panfletos.

[A Jon Webb]
25 de marzo de 1961

[...] lo que me molesta es cuando leo algo sobre los viejos grupos literarios parisienses, o que alguien conocía a alguien en los viejos tiempos. Entonces hacían lo mismo, se fijaban en los nombres pasados y presentes. Creo que Hemingway está escribiendo un libro sobre eso. Sea como sea, no me lo trago. No soporto a los escritores o editores ni a nadie que quiera hablar sobre Arte. Antes de la hemorragia viví 3 años en un hotel de los bajos fondos y me emborrachaba todas las noches con un expresidiario, la camarera, un indio, una tía que parecía que llevaba peluca y 3 o 4 almas errantes. Nadie sabía quiénes eran Shostakóvich o Shelley Winters, y nos importaba una mierda. Nuestra principal preocupación era que alguien fuera a buscar alcohol cuando se nos acababa. Empezábamos con el peor mensajero y si no lo conseguía (ten en cuenta que apenas teníamos dinero) entonces pasábamos al siguiente. No es por nada, pero yo era el mejor. Y cuando el último de ellos entraba tambaleándose por la puerta, pálido y avergonzado, Bukowski se levantaba maldiciendo, se enfundaba la capa raída e iba enfadado y seguro hasta la tienda de bebidas alcohólicas de Dick, y le presionaba, embaucaba y exprimía hasta dejarlo atolondrado; entraba furioso, no como un mendigo, y le pedía lo que quería. Dick nunca sabía si tenía dinero o no. A veces le engañaba y tenía dinero, pero la mayoría de las veces no tenía nada. Dick colocaba las botellas delante de mí, las metía en una bolsa y yo las cogía, enfadado.

—Apúntamelo en la cuenta —le decía.

Entonces comenzaba la vieja cantinela: pero, por Dios, ya me debes esto y lo otro, hace un mes que no pagas nada y...

Llegaba entonces el momento de la FARSA. Ya tenía las botellas en la bolsa, podría largarme tal cual, pero la ponía delante de él, sacaba las botellas una a una y las empujaba hacia él.

—¡Toma, quédatelas! ¡Iré a comprar a otro lado!

—No, no —decía—, cógelas, no pasa nada.

Sacaba un trocito de papel y las añadía al total.

—A ver eso —le exigía—. ¡Por Dios! ¡No te debo tanto! ¿Qué es esto que tienes apuntado aquí?

No era más que una escena para que creyera que algún día le pagaría. Entonces era Dick el que trataba de embaucarme:

—Eres un caballero. No eres como los otros, confío en ti.

Acabó enfermando y vendió la tienda, y cuando llegó el siguiente propietario empecé una cuenta nueva...

¿Y qué pasó? Un domingo a las ocho en punto de la mañana, joder, a las OCHO EN PUNTO, llamaron a la puerta, la abrí y había un editor:

—Hola, soy tal y tal, editor de tal y tal, recibimos tu relato y nos pareció poco corriente, lo publicaremos en el número de primavera.

—Adelante, pasa –le dije–, cuidado, no tropieces con las botellas.

Me quedé sentado mientras me contaba que su mujer le respetaba mucho y que había publicado un relato en *The Atlantic Monthly*, y ya sabes cómo le dan a la lengua. Al final se fue y al cabo de un mes o así me llamaron al teléfono del vestíbulo, aunque esta vez fue una mujer:

—Bukowski, el relato es de lo más inusual, y el otro día el grupo editorial lo estuvo valorando y llegamos a la conclusión de que tenía un punto débil y hemos pensado que tal vez podrías corregir el punto débil, que es este: ¿POR QUÉ EMPEZÓ A BEBER EL PERSONAJE PRINCIPAL?

—Olvídalo, mándame el cuento de vuelta –dije, y colgué.

Volví a la habitación y el indio levantó la vista.

—¿Quién era? –preguntó.

—Nadie –dije. La respuesta no podría haber sido más acertada.

John William Corrington, otro ferviente admirador de la obra de Bukowski, fue uno de los primeros académicos en defender a capa y espada el «espíritu indómito» de la poesía de Bukowski en varias reseñas e introducciones.

[A John William Corrington]
21 de abril de 1961

Está claro que muchos editores siguen respetando al pie de la letra todo cuanto les precede. El santuario de las normas no significa nada para el creador verdadero. La mediocridad es justificable cuando observamos borrachos la página en blanco, pero no hay excusa que valga si la mediocridad es fruto de escuelas o modas o el valetudinario devocionario que dice: ¡forma, forma, forma! ¡Etiquétalo!

Dejemos que haya espacio y error, histeria y aflicción. Mejor no pulir las cosas hasta que tengamos una pelota que ruede como en el mejor de los trucos. Pasa de todo: se cargan al sacerdote en el retrete; los avispones se chutan heroína sin descanso; te dejan sin espectáculo; tu mujer se larga con un idiota que nunca ha leído a Kafka; los coches pasan durante horas junto a los intestinos y al cráneo pegados al asfalto de un gato arrollado; los niños mueren a los 9 y a los 97; las moscas quedan atrapadas en las mosquiteras..., la trayectoria de la «forma» es más que obvia. Soy el primero en decir que no hay que empezar de cero, pero no habría que conformarse con un 8 o un 9 sino con un 11 como mínimo. Podemos seguir repitiendo las verdades, y supongo que lo hemos hecho bastante bien, pero me gustaría que también gritáramos como posesos, si es que somos lo bastante hombres, sobre lo que no es verdad, lo que no tiene forma ni nunca la tendrá. Tenemos que dejar que la vela arda y, si hace falta, verter gasolina sobre la misma. Conocemos bien lo que es común, pero desde las ventanas también se oyen gritos..., una histeria artística fruto de respirar en la necrópolis..., cuando a veces la música se detiene y nos deja 4 paredes de goma o cristal o piedra o, peor aún, sin paredes, pobres y muertos de frío en la Atlanta del corazón. Concentrarse en la forma y la lógica, las normas establecidas, es una imbecilidad en medio de la locura.

No me cansaré de decirte lo mucho que me exasperan los escritores cuidadosos con sus creaciones trilladas y planificadas hasta el último detalle. La creación es un don y una enfermedad. Me ha estremecido y me ha despertado para contemplar las paredes a las 5 de la madrugada. Y las contemplaciones conducen a la locura como un perro con una muñeca de trapo en una casa vacía. Una voz nos dice que observemos el terror más allá de él; Cabo Cañaveral, Cabo Cañaveral no tiene nada que envidiarnos. joder, es la hora de la prudencia: nos han enseñado a camuflarnos, a vomitar dioses por entre versos borrosos. Otra voz nos dice que esculpamos usando mármol nuevo... ¿Qué más da, dice una tercera, qué más da? las tías de tez clara se han ido, con las ligas en lo alto de la pierna; el encanto de los 18 son los 80, y los besos (serpientes arrojando plata líquida) han llegado a su fin. la magia nunca dura..., hasta que un día te atrapa a las 5 de la madrugada; enciendes el fuego, te sirves una copa a toda prisa y el alma se arrastra como un ratón en una despensa vacía. serviría de algo si fueses el Greco o incluso una serpiente de agua.

otra cerveza. venga, frótate las manos y demuestra que estás vivo. la seriedad no servirá. recorre el suelo.

es el don, es el don...

Está claro que el encanto de morir es que nada se habrá perdido.

[A Hilda Doolittle]
29 de junio de 1961

Sheri M. me ha dicho que estás muy enferma. Eres una leyenda entre nosotros. Acabo de terminar tu último libro de poemas *(Evergreen)*. Espero no parecer un idiota al desearte lo mejor y volver a escribirte.

Con cariño,

[A Jon Webb]
Finales de julio de 1961

[...] La otra noche leyeron mis poemas en la radio. No me habría enterado de no ser por [Jory] Sherman, que está al día de todo y me avisó por teléfono. Me emborraché y escuché el programa. Se me hizo raro que los poemas salieran por el altavoz de la misma radio por la que oigo las noticias, los atascos en la autopista, Beethoven y los partidos de fútbol. Uno de los 15 poemas fue el de las rosas que salió en *Outsider*. También leyeron fragmentos de mis cartas sobre los recitales poéticos, editores y críticos o algo así, y el público se reía a ratos, al igual que con un par de poemas, así que no me sentí tan mal, pero cuando me levanté a por otra cerveza pisé un trozo de cristal de 7 centímetros (mi casa es un desastre) y se me hundió en el talón, lo arranqué y la herida estuvo sangrando un par de horas. Me pase una semana cojeando y un día me desperté bañado en sudor, ardiendo, vomitando..., al principio pensé que era por la resaca, pero al cabo de un rato cambié de idea y conduje hasta Hollywood Blvd. para ver a un tal doctor Landers y me pincharon. Volví a casa, abrí una cerveza y pisé otro trozo de cristal.

Joder, leí en *Outsider* que de joven [Henry] Miller hacía copias en papel carbón de sus escritos y las enviaba a todo el mundo. Para mí es algo inconcebible, pero supongo que Miller no veía oportunidades y las creaba él mismo. Cada escritor tiene una estrategia diferente, aunque después de que Grove publicara *Trópico de cáncer* y lo llevase a las masas, ha sido un fracaso en casi todas partes. La revista *Life* y también otras le han dado una buena patada a Hemingway, y la verdad es que se lo merecía por haberse vendido después de los primeros libros, y eso era algo que ya sabía pero que nadie se atrevió a decir hasta después de que se suicidase. ¿Por qué esperaron?

En esencia, Faulkner es como Hem. El público se lo ha tragado de golpe y los críticos, algo más sutiles, se sienten seguros y lo incitan, pero gran parte de la obra de Faulkner es pura mierda, pero es una mierda inteligente, maquillada con inteligencia, y cuando muera les costará ponerlo por los suelos porque no acaban de entenderlo, y como no entienden los pasajes anodinos y huecos, las cursivas inacabables, pensarán que es un genio.

[A John William Corrington]
Finales de agosto de 1961

[...] Ya sabes que soy muy descuidado, no tengo copias en papel carbón de mis poemas. Me han aceptado muchos poemas de los que no tengo copias. He enviado muchos poemas que no han aceptado y que no me han devuelto de los que tampoco tengo copias. A veces doy con un trozo de papel manuscrito o un poema mecanografiado pero no sé si lo han aceptado o si tan siquiera lo he enviado. Perdí una lista en la que ponía a qué revistas había enviado los poemas o cuáles habían aceptado, aunque no sabía los títulos de los poemas. Una vez estuve casado con una mujer [Barbara Fry] que no dejaba de sorprenderme. Escribía un poema y lo enviaba, anotaba el título, la fecha y dónde lo había enviado... Tenía un libro de contabilidad enorme muy bonito con una lista de revistas, y la lista de revistas estaba tachada en un sentido o había rayas azules sobre rayas naranjas o algo y ponía unos asteriscos pequeños **** para unirlo todo. Era una pasada. Podía enviar el mismo poema a 20 o 30 revistas usando los asteriscos *************** ********** y nunca los enviaba a la misma revista, ¡hurra! Me regaló un libro, pero solo dibujé cosas obscenas. Cada vez que escrivía un poema lo acía en un papel especial que luego pegaba en el libro (con la fecha). Me iría bien tener tanta energía, pero creo que me sentiría como si estuviera vendiendo sujetadores de puerta en puerta.

1962

[A John William Corrington]
Abril de 1962

[...] Una vez Fry me incitó a dibujar viñetas con texto
en plan de coña, y me pasé la noche despierto, bebiendo y
dibujando las viñetas, riéndome de mi propia locura. Dibujé tantas viñetas que a la mañana siguiente no me ca-
bían en ningún sobre, así que las metí todas en una caja
de cartón y las envié a *New Yorker* o *Esquire*, y dentro
puse sellos de sobra para que me las devolvieran si no las
aceptaban. Seguro que pensaron que estaba colgado o que
era un principiante. Nunca me las devolvieron. Les escribí y pregunté por mis 45 viñetas y nunca me las devolvieron. «No hemos recibido tal paquete», me escribió uno
de los editores. Pero al cabo de un par de meses estaba en
una barbería y vi uno de mis chistes en una revista, creo
que era *Man*, en la que un jinete fustigaba a un caballo
con un látigo con una de esas bolas redondas con púas, y
un tipo que está junto a una barandilla le dice a otro: «Un
chico muy maleducado pero eficaz.» Habían cambiado el
texto y el dibujo un poco, pero se parecía demasiado a mi
viñeta. No lo sé, no me fijé mucho, no suelo fijarme en las
revistas o tal vez sí lo hago sin darme cuenta, pero no dejaba de ver mis ideas y dibujos con pequeños cambios; se
parecían demasiado como para no ser mis viñetas, aunque
las mías estaban mejor ejecutadas. Cuando vi uno de mis
dibujos sin texto (me refiero a que la idea era mía, no el

dibujo) en la PORTADA del *New Yorker* supe que me habían tomado el pelo porque era la misma viñeta: se veía un lago bajo la luna lleno de canoas con hombres y mujeres, y los hombres tocaban la guitarra y daban una serenata a las mujeres, salvo por una canoa en el centro del lago en la que había un tipo que tocaba una trompa gigante. No recuerdo si había una mujer o no en esa canoa, seguramente sí, pero ahora que soy mayor creo que habría sido más divertido si no hubiera dibujado a la tía. Pues eso, fue una pérdida de tiempo y no dibujé más viñetas hasta que Ben Tibbs la cagó con la cubierta de mi librito *Longshot Pomes* y le dije a [Carl] Larsen: joder, hasta yo lo haría mejor. Quiero decir que, al igual que con las viñetas o las novelas, no sé cómo se hacen las cosas y prefiero no perder el tiempo haciéndolo todo al revés para que luego un adulador de tres al cuarto lo tergiverse a su antojo. Creía que el mundo del Arte sería limpio. Y una mierda. Hay más pulpos sin escrúpulos y malignos en el mundo del Arte que en cualquier otro negocio porque en un negocio la gente solo quiere una casa más grande y un coche más grande y una puta de más, pero ese impulso no nace de unas entrañas retorcidas que exigen un RECONOCIMIENTO que va más allá de lo lógico y decente, independientemente de cómo se consiga. Por eso algunos editores son tan hijos de puta: como son incapaces de currárselo, intentan asociarse con quienes se lo curran de verdad esculpiendo mármol nuevo..., por eso muchos de ellos no responden a las cartas sobre el material que se les ha enviado: los muy cabrones ya no tienen luces.

Una vez Fry me convenció para que estudiara por la noche diseño gráfico de publicidad. El profesor trabajaba para una empresa de diseño gráfico de día y daba clases de noche. Colocaba en la pizarra lo que habíamos hecho en casa y una vez justo antes de navidades dijo: «Mi empresa necesita un cartel para las gasolineras Texaco, y quiero que a partir de ahora este sea vuestro problema. Diseñad algo para un anuncio navideño.» Pues nada, llegó el momento y recorrió la pizarra mirando los dibujos hasta que llegó al mío, y enfurecido se volvió hacia la clase y bramó:

–¿QUIÉN HA HECHO ESTE?

–Yo –admití–. Creí que poner la estrella y el emblema de Texaco en lo alto del árbol era una buena idea.

–Nada de árboles navideños, por favor. Este dibujo no sirve, hazme otro –dijo, y siguió caminando.

Al cabo de un par de semanas nos dijo en clase: «Mi empresa y los ejecutivos de Texaco han escogido el anuncio navideño.» Lo sostuvo en alto. Justo en ese momento me buscó con la mirada. Ya sabes qué nos enseñó: un árbol navideño con la estrella de Texaco en el alto, aunque habían puesto a un encargado de gasolineras dentro del árbol... No dije nada. Podría haberlo dejado en ridículo, pero no me van las discusiones ni los malos rollos. Él sabía que yo lo sabía, y eso me bastaba. Dejé las clases y me emborraché. Luego, en navidades, cada vez que pasábamos por delante de una gasolinera Texaco le decía a Fry: «Fíjate bien, nena, ese es mi dibujo..., ¿no estás orgullosa de mí?»

a lo que voy es que si escribiese una novela en papel de váter alguien se limpiaría el culo con ella. hace unos 15 años escribí el relato del mono y TAMPOCO ME LO DEVOLVIERON. y no tenía copia en papel carbón. dudo que John Collier lo plagiase. Tiene más talento que yo y no necesitaría hacer algo así. El relato del mono me ha sido muy útil, la verdad; suelo contárselo a las chicas cuando ya hemos hecho todo lo que teníamos que hacer en la cama y estamos más o menos relajados. A Fry le encantaba la narración y una mujer me dijo; «oh, voy a llorar, voy a llo-

60

rar, es muy triste y bonito», y rompió a llorar. Supongo que no me lo devolvieron porque en esa época estaba sin blanca y borracho y escribía todo a mano en mayúsculas. De tanto hacerlo, al final escribía más rápido así que de manera normal, y cada vez que escribía algo en mayúsculas y lo enviaba, me decían: «¿Qué coño te pasa? ¿Es que no sabes escribir?» No puedo responder a eso. No sabría qué decir. Pero esta noche sí que estoy largando a base de bien...

La Revista Papel de Váter *de esta carta precede a la que se publicó en* Screams from the Balcony *en 1993.*

[A John William Corrington]
Finales de abril de 1962

Se me ha ocurrido una idea, Willie. Publiquemos un número y llamémoslo *La Revista Papel de Váter*. No necesitaremos mimeógrafo ni nada. Pondré el rollo de papel de váter en la máquina de escribir y listos. Publicaremos todos nuestros poemas rechazados. Un ejemplar para *Trace*, otro para Dios, otro para Sherman y otro para la puta de Sherman, que seguro que lo pilla de alguna manera.

La Revista Papel de Váter
Editada por William Corrington y Charles Bukowski
Vol. 1, núm. 1
 nos importa una mierda
 si quieres ver la televisión.

«Me arrodillo»
William Corrington

las piernas necesitan correr
pero me arrodillo
antes flores femeninas...
me llega el aroma de la mala memoria
y lo atrapo,
sí,
y las noches
las horas de las noches
noches de cabeza triste
asienten
y después

«Escultura»
Charles Bukowski

Harry, el hábito, y luego hicimos
una mueca, y de la mueca
surgieron peces, olmos, chocolatinas de caramelo
y salimos
y salimos
y salí... quita la aguja o
rompe la cinta, ya no lo
soporto,
recorrí 18 manzanas,
volví, y la mueca
era tan grande como la habitación
y supe que era cierto:
estaba loco.

«El callejón que nos espera»
William Corrington

Supongo que tenemos que seguir adelante,
pérdida tras pérdida,
debemos seguir adelante
hasta la pérdida final,
tal vez en un callejón
con la sangre cayendo por la
pajarita ja ja, nos
engañan y abofetean sin piedad,
nos arrebatan los beneficios,
el amor, el descanso,
las manos contra la pared,
los coches pasan,
los amantes inmundos haciéndose
promesas inmundas, peces enfermos
a merced de la marea,
la cabeza
me cae, estamos casi
dentro del sueño negro,
nunca seremos genios,
el sol trae tulipanes, la lluvia trae
gusanos, Dios trae genios
y dispone genios tulipanes
gusanos para que todo comience de nuevo
siempre habrá cosas nuevas
es tan cansado pensar
estirado
mientras las ratas corretean hasta los zapatos
y desaparecen
y un niño me ve
y él también

huye corriendo
pero lo atraparán
como a los tulipanes
como a los papás
como a Belmonte
como a las piedras que se convierten
en arena
que rasga la piel,
pérdida tras pérdida
estemos donde
estemos.

(y nos sigue importando una mierda si ves la tele o no.
Necesitamos suscriptores. Colabora, por favor).

[A John William Corrington]
Mayo de 1962

[...] Hoy me ha llegado una carta de una mujer que me
viene con Nietzsche: «Lo que hacemos nunca se entiende,
sino que se elogia o se reprocha.» Y luego añade: «A eso
deberías referirte cuando hablabas de la mala influencia de
los elogios en tu carta. Pero piénsalo bien, ¡que nos elogien
Y nos comprendan! Ese sería, amigo mío, el único paraíso
real para el escritor, el pintor o el compositor...» «Cierto, el
artista siempre está creando, pero nunca parte de cero, no
hay nada que parta de cero de veras. Toda creación parte
de otra. Un objetivo se convierte en diez mil propósitos diferentes. ¿Acaso crees que cuando te llega la inspiración se
trata de algo del todo nuevo? Nace de siglos de creaciones
de ideas. Pero prefiero no alargarme innecesariamente...»
Gracias a Dios.

joder, vaya sarta de prejuicios, por no hablar de una visión sombría de las cosas. La gente inteligente me toca las pelotas. Para mí (¡¡¡PARA MÍ!!!) cualquier comienzo es un NUEVO COMIENZO. Vaya que sí. Es la única manera de saber que estoy vivo. lo que se contonea. lo que se mueve. los coños. tengo que ver los coños. Cada flor es una flor nueva. Las otras están muertas. Fueron bonitas, pero están muertas. Cuando miro un puente o un edificio sé que es un CÚMULO de lo que llaman conocimiento. ¿Y a quién cojones le importa? Cuando escribo un poema, quiero que tenga vida y mala leche. O quizá –mejor aún– LE QUITO LA MALA LECHE. Pero prefiero que estas cartas tan lanzadas no me bloqueen. Si la muy zorra quiere venir a verme para darse un revolcón en la cama, pues vale. De lo contrario, digamos que no estoy «inspirado».

Alguien me contó que vio a Mailer en la tele, que estaba paranoico y no acababa ni una frase. Puede que Mailer no sea gran cosa, pero no sé qué tiene que ver eso con escribir. Si una persona está paranoica y no acaba las frases es muy posible que escriba mejor que si fuera normal. ¿Qué le pasa a todo el mundo? Ven las cosas al revés. [...]

Prefiero tus cartas a las de Henry Miller. Las de Miller son muy puñeteras y empalagosas, como si quisiera que Walter L[owenfels] ascendiera en la escala social. Y luego está lo de Huxley. H. imita demasiado a M., se esfuerza demasiado. Es como si Miller pensara que Huxley casi es bueno y tuviera que pisotearlo un poco para mantenerlo a raya. Huxley no debería preocuparte si lo tomas tal cual es: un inglesito culto, educado e inteligente que ha olvidado que la sangre hierve. Pero es entretenido. Es como ir a ver una obra de teatro que apenas ha durado 13 días en Broadway. Nadie esperaría ver a Shakespeare. ¿A qué vienen las lanzas entonces?

No sé escribir una «carta de aceptación», pero sí cartas de dimisión o algo así:

Cariño:

Lo nuestro ya no funciona. He estado pensando en ello mientras estabas en el trabajo. Estoy acabándome una birra. Encontré diez dólares en la cómoda. Me marcho. Te dejo mis ejemplares de *Anatomía artística del cuerpo humano*, de Jeno Barcsay, y la *Enciclopedia de los grandes compositores*, de Milton Cross. Cuida del perro. Dios, ¡cuánto quise a ese chucho!

saludos,

Bubu...

Espero que este premio no me ponga las cosas fáciles, aunque es muy posible que así sea. Hombres mucho mejores que yo se han dejado la vida en las dalias secas. Tan solo espero seguir creando cosas que arrojen luz sobre mí y todo lo demás.

Ese es el objetivo del Artista, además de evitar perder la chaveta. Al fin y al cabo, por muy pesimistas, analíticos y matemáticos que nos pongamos, creo que se trata de una batalla noble, que nos hemos preparado mejor para la muerte, que nuestras lágrimas, nuestra risa y nuestra ira han servido de algo, nos han permitido aferrarnos a algo que no sea solo el lecho de amor, fragmentos nocturnos o lápidas. [...]

Este premio me tiene confundido y no dejo de saborearlo. Tengo mucho de niño. Si quieres seguir adelante y usar cartas o fragmentos de cartas, por mí perfecto. Creo

que las cartas son tan importantes como los poemas y ex-
presan cosas de un modo que no se puede hacer en los
poemas, y viceversa. Qué día más raro. Casi me siento
bien y todo. [...]

Los dos lo sabemos, Jon: el arte es arte y los nombres
son secundarios. No somos políticos del mundillo literario. Black Mountain, la Nueva Crítica, *Folder*, la Costa
Oeste, la Costa Este, G. con A., L. con X., no sabemos
quién coño se acuesta con quién y nos da igual. ¿Por qué
forman corrillos esos pelagatos? ¿Por qué se quejan? No
son más que una puta pandilla de chupapollas que quieren
barrer todas la voces excepto la suya. Es normal. Supervi-
vencia. Pero ¿quién quiere sobrevivir siendo un chupapollas salvo quienes se jactan de ello? Ya sabes que también
fui editor y recuerdo que la presión era terrible. Si me
publicas, te publico. Soy colega de J. B. (y no me refiero a
J. B., de MacLeish). Todo el mundo teme a *Trace*. [James
Boyer] May aparece en la mayoría de las revistas del país
no porque sus poemas sean buenos sino porque es el editor de *Trace*. Es un error. Claramente. Y hay muchos otros
errores que se cuelan en el mundillo como babosas. El Arte
es Arte, y el Arte debería ser su propio juez.

¿Crees que estoy volviéndome loco? ¿Por qué te escribo una carta tan larga? Aquí hay algo que brota y brota.

¿Es lo que pasa cuando esculpimos poemas? ¿Desapa-
rece todo? el trabajo, la vida, la mujer, el país, la mente,
todo menos el amor y el sonido de las palabras, y esculpir,
esculpir, esculpir..., oh, sí, por Dios

　　　　　　　　sé cómo se sentía Van Gogh
¿tenía los pantalones cagados y meados
y pintaba sobre orejas de elefantes?
¿Cómo es posible que estos escritores tengan una

oportunidad, estos poetas y
aspirantes inútiles y peludos
si beben leche de cabra, tienen trabajos normales,
familias, se mudan a Glendale, votan a Nixon,
sacan brillo a los coches, entierran a la abuela, toman
vitaminas,
cómo lo conseguirán. ¿¿¿cámo cómo lo conseguirán???
¿sin que les queme el fuego?

Ya me dirás si es posible ir sobre seguro y entonar a la vez el hermoso canto del loco. No. Ya te digo que no. Es imposible. Luego... tenemos el otro tipo, igual de repugnante, que finge ser Artista pero no sabe nada de Arte. Barba. María. Sandalias. Jazz. Té. Cafeterías. Homosexuales. Nirvana sin blanca. Recitales poéticos. Clubs de poesía. Basta, lo dejo ya. Estoy harto de todo.

Felix Stefanile se había quejado de que los editores de la revista The Outsider *concedieran a Bukowski el premio al «Inconformista del año».*

[A Jon Webb]
Finales de octubre de 1962

[...] Stefanile y muchos otros están desconcertados. Tienen demasiados prejuicios sobre cómo debería ser la poesía. Siguen anclados en el siglo XIX. Si un poema no suena a Lord Byron, entonces la has cagado. Los políticos y los periódicos no dejan de hablar sobre la libertad, pero en cuanto la pones en práctica, ya sea en la vida o en el arte, irán a por ti y acabarás entre rejas, ridiculizado o incomprendido. A veces cuando pongo un folio en blanco en la máquina de escribir... pienso que moriré pronto, todos moriremos pronto. Quizá morir no sean tan terrible, pero mientras sigamos con vida es mejor usar la llama interna, y si eres honesto de verdad es posible que acabes 15 o 20 veces en la celda para borrachos y pierdas varios trabajos y una mujer o 2 o tal vez te pelees a muerte con alguien en un callejón o duermas en un banco público de vez en cuando; si le metes mano a la poesía, no intentarás parecerte a Keats, Swinburne o Shelley ni actuarás como Frost. Los espondeos, los recuentos y las rimas te darán igual. Solo querrás escribir, de forma tosca o pura, de cualquier modo que puedas llegar a los demás. No creo que eso signifique que doy «saltitos inesperados»..., «interpretando con ambas manos» y a pleno pulmón, tal y como dice S., «ondeando los poemas como si fueran una bandera». Eso querría decir que busco la fama a cualquier precio. Eso querría decir que la popularidad justifica el arte mediocre. Eso querría decir que todo es una obra de teatro falsa. Pero este tipo de acusaciones se han hecho en todas las artes durante siglos, y siguen haciéndose en pintura, música, escultura, narrativa. La masa, tanto la masa real como la artística (solo en el sentido de que hay muchos artistas), siempre va a la zaga, va sobre seguro no solo en la vida material y económica sino también en la espiritual. Si te pones un sombrero de paja en diciembre se ríen de ti. Si escribes un poema que huye de la poesía ingeniosa y superficial de masas del siglo XIX te dirán que suena mal. Quieren oír lo que siempre han oído. Pero olvidan que cada siglo se necesitan 5 o 6 hombres con talento para rescatar al arte del anquilosamiento y la muerte. No digo que sea uno de esos hombres, pero lo que sí que tengo claro es que no soy uno de los otros. Lo cual hace de mí un INCONFORMISTA.

Jon, publica la carta de Stefanile si tienes sitio. Es un punto de vista. Y prefiero que me describan como un albañil o un púgil que como un poeta. Así que tampoco quedo tan mal.

[A los editores de *Coastlines*]
Finales de 1962

¿Semblanza? Soy un viejo loco charlatán, fumo como un carretero, pero me siento mejor cada día, es decir, peor y mejor. Y cuando estoy frente a la máquina de escribir es como si le esculpiese tetas a una vaca, algo enorme. Pero, claro, me doy cuenta de que también tengo que trabajarme el latín, la compostura, lo presuntuoso, a Pound y a Shake[speare], y hola hola ola, cualquier cosa que consiga que la maquinaria siga adelante, ¡hurra! Pero soy una especie de impostor sin vida, así que a veces escribo un poema mediocre en lugar de que otro escriba un buen poema. Aunque no confío ciegamente en esto. Examinar y volver a examinar. ¿Por qué intentarlo? Quienes se pasan la vida en auditorios oyendo sinfonías aman la creación pero son incapaces de crear. Voy al hipódromo y allí también hay bares. Larga vida a los dioses locos que han creado estas maravillosas cosas que giran y giran.

1963

[A John William Corrington]
20 de enero de 1963

[...] Ahora que eres C[harles] P[ercy] Snow y Lion[el] Trill y T. S. y se harán públicos los deseos chabacanos de las peinetas frustradas, será mejor que me ponga de tu lado, de tu lado bueno, donde supongo que guardas el Magnum .357 mientras bailas la zarabanda. Todo esto resulta muy interesante porque eres mucho mejor poeta que crítico, y mientras hablas de otros, lo que los otros deberían hacer es leer tu poesía porque estás echando humo como un camión cargado de nieve carbónica en la autopista de San Bernardino. En realidad da igual, eso acabará solucionándose... En cuanto a lo de [Robert] Creeley, sí, es una farsa; su poesía es tan blanca y lacónica y vacía que piensan: pues vaya, supongo que es buena porque no dice nada y este tipo ES MUUUY SUTIL E INTEEEELIGENTE, joder, porque no entiendo naaaada. Es como jugar al ajedrez en una sala soleada con diez años de alquiler pagados, y nadie sabe quién es el ganador porque el ganador se inventa las reglas y no se esfuerza mucho. Si te despiertas en un callejón con la camisa rota y te levantas y sientes el viento helado entre las rodillas y los huevos, y tienes la boca ensangrentada y un par de chichones en la cabeza, y te llevas la mano al bolsillo trasero y notas que no tienes la cartera, que has perdido los 500 pavos, el carnet de conducir, el número de teléfono de Jesucristo, y que ni siquiera eres poeta, tan solo estás en el lugar equivocado y no sabes qué hacer. Cuando la zorra de las tetas grandes se rió de tus chistes deverías haberle metido el vaso por el coño. Los Creeley no saben qué es la muerte; incluso cuando llegue a por ellos pensarán que viene a por otros. [Gregory] Corso al menos piensa en la Muerte. Y en Corso. Si se llamase Hamacheck nunca se habría hecho famoso. El mundo del Arte es como una hiedra gigantesca que crece por todas partes, joder. Todo depende de la lluvia y la suerte y dónde está el edificio y quién pasa a tu lado y qué haces, por qué hiedra te arrastras o con cuál te acuestas o qué poetas de la Black Mountain o, por Dios, basta, estoy harto.

[A John William Corrington]
9 de marzo de 1963

[...] No hay nada como el número 3 de *Outsider*. Me siento como cuando estaba en el instituto y me hacían esperar sentado en una cabina telefónica al director, un cabrón de aire distinguido, de pelo largo cano, con quevedos y voz victoriana, que me echaba un rapapolvo después de pasarme una hora en la cabina con un ejemplar del *Ladies Home Journal*. No recuerdo qué había hecho, pero era como si hubiera matado a alguien. Al cabo de un par de años leí que lo habían detenido por malversación de fondos. Pues nada, ahora con el número 3 de *Outsider* es como si estuviera en esa cabina, esperando. No es tan raro que esté con los nervios a flor de piel. No hace ni 8 meses que estuve a punto de suicidarme con una cuchilla de afeitar.

Corrington publicó «Charles Bukowski: Three Poems»
en el tercer número de The Outsider *así como «Charles*
Bukowski at Midflight», la introducción de Atrapa mi
corazón en sus manos *en 1963.*

[A John William Corrington]
19 de marzo de 1963

Acabo de recibir el número 3 de *The Outsider* y, ¡hurra!, ahí estoy en la portada, un torturador de ratas, bebés y viejecitas, y el honor es indescriptible, pudo conmigo, así que opté por lo fácil, me emborraché, pero todavía tengo que asimilarlo, y sé que se hace pesado repetir estas cosas, pero nadie volverá a hacer algo así por mí porque lo hicieron 2 personas sin medios, y no me extraña que les interesen los INCONFORMISTAS porque ¿acaso no lo son ELLOS? Lo mejor de todo es que no me mutilaron ni me convirtieron en un bicho raro, sino que me dejaron ser tal y como soy. Eso solo ocurre cuando los editores tienen ALMA, y después de haberme pasado la vida odiando a los editores, la realidad es otra: me he quedado impresionado con la profesionalidad, estilo y esfuerzo de estas 2 personas, no tanto porque me hayan puesto en la portada, hayan publicado algunas cartas, etc., sino porque lo han hecho tan bien que el orgullo y el honor permanecen intactos. Sé muy bien que me ablandaré con los años y la bebida (si vivo para contarlo), pero nada salvo la muerte me arrebatará este momento. Las paredes y las putas y los días y las noches infernales no me prepararon para esto. Tuve suerte. Y puesto que no siempre he tenido... suerte..., acepto este tercer número, gran parte de mi vida perdida, casi todo perdido, salvo esto.

No termino de asimilar lo bien que lo han hecho. Me entienden mejor que yo a mí mismo.

Por si fuera poco, Jon ha empezado a enviarme notitas en papel azul: «Pronto haremos el libro... Corrington vendrá a vernos, liado, liado, liado...»

Un libro nuevo sería el colmo, pero a no ser que creas que me he ablandado (tengo mis momentos de dicha), piensa que si hago concesiones a 2 o 3 personas no significa que me haya ablandado (¿todavía?). No soy como Frost: tuvo una pelea de pareja con el mundo y ganó; yo tuve una pelea de boxeo con el mundo y perdí. Pienso seguir perdiendo, pero dudo mucho que deje de luchar. Son cosas muy diferentes, y si hablo bien de 2 o 3 personas es porque sirve de algo y no puedo ni quiero impedirlo. [...]

Willie, lo que quiero decir es que has escrito un buen artículo sobre mis 3 poemas y espero que hagas la intro del libro; eres una de las mejores cosas que me ha pasado aparte de Jane y de un caballo con el que gané 222,60 dólares hace 2 o 3 años. Lo diré de otra manera: Jane está muerta. El caballo casi seguro que está muerto. Tú sigues aquí. Rezo por ello. Estoy orgulloso de ti, al igual que de Jon y Louise, sin presiones ni coacciones, me lo tomo con calma y afecto, cabrón sureño, y de los poemas el mejor es «The Tragedy of the Leaves». Es posible que «Old Man, Dead in a Room» siga siendo cierto. Si escribí mi propio epitafio (esa era la intención) fue porque preví que sería así, y lo sigo pensando. La fama y la inmortalidad nunca serán mías. Es más, no las quiero. Es decir, son horripilantes, horribles, horrorosas, horrendas, ¿¿¿cómo??? Aquel que con INTENCIÓN quiere meter la polla del ser en ese largo amanecer negro no está bien del todo o tiene mierda bajo las uñas.

Edward van Aelstyn, editor de la revista Northwest Review, *publicó en el número de otoño de 1963 la primera traducción al inglés de «Pour en finir avec le jugement de dieu» [«To Have Done with the Judgment of God»], de Antonin Artaud, poemas de Philip Whalen, una entrevista con Fidel Castro, un poema de Bukowski y el ensayo «Charles Bukowski and the Savage Surfaces», de Corrington. La mezcla de sexo, sedición y obscenidad incomodó tanto al consejo administrativo de la universidad que ordenó el cierre temporal de la revista en 1964.*

[A Edward van Aelstyn]
31 de marzo de 1963

Gracias por aceptar los 2 poemas, «A Drawer of Fish» y «Breakthrough».

En cuanto al número 3 de *Outsider*, Webb se lo curra casi todo solo y sin apenas recursos, así que cuando se topa con un grupo de pretenciosos con bastón y pantalones cortos reunidos en lo alto de una montaña de Carolina del Norte (o dondequiera que se crease la Black Mountain School), acaba explotando. Está claro que a lo largo de la historia del arte han existido todo tipo de escuelas, a veces porque el artista era demasiado débil para fracasar solo (es mucho más fácil triunfar solo), otras veces porque los críticos transformaron a un grupo de artistas en una escuela, pero, qué coño, todo esto ya lo sabes. Sí que me gustaría enfatizar que Webb ha dado voz a Creeley y a los seguidores de Creeley basándose únicamente en los defectos o virtudes de su obra; el reparo que Webb pone es que son incapaces de trabajar solos, hay un entramado de defensa que sale al ataque cada vez que se critica a uno de sus santos miembros.

Mi crítica de Creeley es más despiadada (eso parece): creo que no sabe escribir. Estoy seguro de que piensa lo mismo de mí.

Los artistas solo pueden hacer una o dos cosas: escribir o dejar de escribir. A veces continúa y lo deja a la vez. Por supuesto, al final acaba llegando el Crítico Imparcial que llevamos dentro y lo dejamos por completo.

Me alegra que te parezca bien proteger el alma, muchos lo han olvidado o se considera basura romántica del pasado, cuando parecía que sabíamos menos sobre nosotros que ahora. Pero lo esencial no ha cambiado: si te revuelcas en la mierda durante mucho tiempo eso es lo que serás a ojos de los demás. Nos basta con averiguar qué es la mierda para no revolcarnos en ella. Tengo tan pocas ganas de enseñar inglés a novatos como de apretar tornillos en una fábrica, los dos son trabajos bien jodidos. Cuando hemos superado esa parte, nos espera el poco ocio que nos queda. Ese es el momento clave. Y muchas veces, por mucho que nos esforcemos, la otra parte (apretar tornillos, enseñar inglés a novatos) te consume. Algunos artistas (más en el pasado que en el presente) no trabajan y pasan hambre para tener más tiempo y ocio, pero esta opción tiene sus inconvenientes: suicidio o locura. Creo que escribo mejor con la tripa llena, pero tal vez porque recuerdo todos los años que estuvo vacía y sé, casi con seguridad, que volverá a estarlo. Salvar el alma depende de lo que hagas (que no sea obvio) y de qué y cuánto tienes para empezar y de cuánto podrías conseguir en el proceso. Existen salvadores de almas profesionales, intelectuales que siguen las fórmulas estándar y que se salvan de manera estándar, que es lo mismo que no salvarse. Las pocas personas que conozco a veces me preguntan: «¿Por qué bebes y vas al hipódromo?» Para ellos tendría más sentido que me quedara un mes en casa mirando las paredes. Lo que no saben es que eso ya lo he hecho. Lo que no saben es que si no siento el rugido de las palabras en mi interior es como si estuviera muerto, así que de momento acudo a aquello que me ayuda a que pase (la botella) (la multitud). En el futuro a lo mejor me da igual.

Escribir poesía atrae a mujeres extrañas que acaban llamando a mi puerta; creen que los poemas son de amor, así que les doy amor, que es lo que tal vez quede del alma, ja ja ja. Supongo que una parte se encuentra en la zona de la barriga. La última de las mujeres se marchó esta tarde después de pasar aquí 4 días y noches, y ahora te escribo sobre... estética y la Black Mountain School, y gracias de nuevo por aceptar los 2 poemas, y sí, claro, el cheque me vendría bien. Ha sido una tarde larga y calurosa en cierto modo, los ojos rebosantes de amor..., espiándome por entre las patas de la cama mientras leo los resultados de las carreras..., joder, joder, ¿es esto vivir? ¿Así son las cosas? Me quedan 9 cervezas y 16 cigarrillos, es la última noche de marzo de 1963, Cuba y el muro de Berlín, las paredes se estremecen, me estremezco, 42 años desperdiciados..., van, van, la Bestia no es la Muerte...

Corrington publicó «Charles Bukowski and the Savage Surfaces» en la revista Northwest Review *en 1963. Los versos que Bukowski cita de manera casi literal pertenecen a «Westron Wynde», un fragmento de poesía medieval.*

banderas rojas colgadas por todas partes; llevo pantalones cortos rojos... [Sergio] Mondragón ha rechazado 3 poemas míos, muy seco. vuelta a la normalidad, veo con los dos ojos.

en cuanto a la poesía de la apariencia, me alegro de que se me acuse de indómito, me alegro de no pertenecer a ninguna escuela ni movimiento, lo sabes de sobra porque no te quedas en lo superficial. Me pasé horas en la biblioteca en compañía de Schope[nhauer] y Ari[stóteles] y Platón y los demás, pero cuando se te clavan los dientes de la vida, uno no está para meditar con calma. Hoy se me han acercado dos personas en el hipódromo; la primera me ha preguntado: «¿Oye, no trabajaste en una fábrica de Studebaker?» La otra fue peor, me dijo: «¿No llevabas un carromato de esos para vender pan?» No he hecho ninguna de esas cosas, pero sí muchas otras parecidas que me han ido apagando la luz interior, y creen que he vivido de todo, y es cierto, solo que me confunden con otro pobre desgraciado que ha vivido de todo. La poesía y los pensamientos edulcorados son para quienes tienen tiempo para cosas así. Dios no se me acerca, tal vez lo encuentre en alguna botella de cerveza, y claro que soy tosco y grosero, me han hecho así, pero también soy tosco porque reducir las cosas a su esencia, es decir, el cuchillo que se clava o mirar el agujero del culo de una puta, ahí está la vida, y no quiero que me tomen el pelo demasiado ni tomar el pelo a nadie. Digamos que de manera inconsciente pienso en los últimos SIGLOS, lo cual no es moco de pavo. Si parezco idiota, tosco y grosero es para acabar con las gilipolleces. Creo que llamaría la atención si dijera cosas que en teoría podrían ser ciertas. Podría pasarme de la raya y salirme con la mía. Podría usar el más sofisticado de los lenguajes, pero creo que al final las palabras que se salvarán serán las pequeñas palabras esenciales que se dicen de verdad. Cuando queremos decir algo de verdad no usamos palabras de 14 letras. Pregúntaselo a cualquier mujer. Lo saben de sobra. Recuerdo un poema que leí junto con otros poemas de hace varios siglos, y cuando retrocedes mucho en el tiempo te das cuenta de que las cosas eran simples, claras y buenas porque eso era lo que se preservaba, tal vez sea lo único que aguante el paso del tiempo, o quizá los escritores eran mejores entonces y toda la falsedad almibarada de los siglos XVIII y XIX fue una reacción a la verdad, los hombres se cansan de la verdad del mismo modo que se cansan del mal, pero vete a saber..., pues entre todos esos poemas antiguos había uno que decía algo así, bill:

> oh dios
> ¡abrazar a mi amor
> en la cama
> de nuevo!

son versos toscos. me gustan.

Hay gente que me dice: «¿Por qué vas al hipódromo? ¿Por qué bebes? Es tu perdición.» Joder, claro que es mi perdición. También lo fue trabajar por 17 dólares a la semana en Nueva Orleans. También lo fueron las montañas de cuerpos blancos, tobillos y tibias moribundos y la mierda que traspasaba las sábanas en el hospital general de Los Ángeles..., los muertos esperando su hora..., los ancianos respirando a duras penas el aire rancio y rodeados de paredes a la espera de una tumba en el condado, un auténtico vertedero. Creen que no me importa una mierda, creen que no siento nada porque tengo la cara desfigurada y los ojos como platos y bebo mientras miro la revista del hipódromo. Los muy cabrones, gilipollas y sonrisitas lameculos de mierda se sienten tan BIEN, creen que hacen LO CORRECTO, solo que no existe lo correcto, ya se darán cuenta..., una noche, una madrugada, o tal vez un día en la autopista con el último fragor del cristal y el acero y la vejiga bajo el sol cada vez más rosa. Que se metan los espondeos y la sofisticación por el culo, si es que les queda sitio.

Además, vale la pena ser tosco, colega, VALE LA PENA. Llaman a la puerta mujeres que han leído mis poemas, y las dejo pasar y les sirvo un trago, y hablamos de Brahms o Corrington o Flash Gordon, y saben que ACABARÁ PASANDO lo obvio y eso facilita las cosas

porque dentro de nada el cabrón
    se me acercará y me cogerá
    y empezará
        porque ha vivido lo suyo
            es TOSCO

Es lo que esperan y lo hago y así se eliminan enseguida muchas barreras y conversaciones triviales. A las mujeres les gustan los toros, los niños, los monos. Los guaperas y los charlatanes no se comen un rosco, acaban machacándosela en el armario.

Un tipo del trabajo dice: «Yo les recito a Shakespeare.»
Todavía es virgen. Saben que tiene miedo. Bueno, todos tenemos miedo pero seguimos adelante.

Marvin Malone, editor de Wormwood Review, *publicó la poesía de Bukowski en casi cien números de*

*la revista con el paso de los años y cimentó así una de
las relaciones literarias más fructíferas de Bukowski.*

[A Marvin Malone]
5 de agosto de 1963

Subí las escaleras con el sobre pesado y pensé que habrías rechazado los poemas, que seguían allí dentro, es tan duro como hacer que los elefantes caminen por el barro, pero lo abrí y vi que habías aceptado ONCE, y once poemas son muchos poemas aunque te hubiera enviado docenas más. No entiendo mucho la puntuación que pusiste a los otros poemas; una vez escrita, no suelo leer mi obra. Es como aferrarse a un puñado de flores marchitas. Dicen que Li Po quemaba sus poemas río abajo, pero supongo que era un buen crítico y solo quemaba los poemas mediocres, y cuando el príncipe le pedía que le leyera algo, se sacaba los buenos de debajo de la túnica con un diseño de una muñeca manchuriana de ojos azules. [...]

Espero que cuando el coeditor de la revista vuelva se encuentre mejor... Escribir es un juego de lo más divertido. Cuando te rechazan, escribes mejor; cuando te aceptan, sigues escribiendo. Dentro de 11 días cumpliré 43 años. Es normal escribir poesía a los 23, pero si sigues haciéndolo a los 43 significa que no estás del todo bien de la cabeza, pero no pasa nada...: otro cigarrillo, otro trago, otra mujer en la cama, y las aceras siguen ahí y los gusanos y las moscas y el sol también; y es asunto mío si prefiero meterle mano a la poesía que invertir en inmuebles, y once poemas son muchos poemas, me alegro que aceptaras tantos. Las cortinas ondean como la bandera del país y queda mucha cerveza.

1964

Jack Conroy, escritor norteamericano de izquierdas y editor independiente, se dio a conocer por sus obras de carácter proletario, con las que Bukowski se identificaba plenamente. Los desheredados, publicada en 1933, narra las vivencias de Conroy como hijo de un minero en paro durante la Gran Depresión.

[A Jack Conroy]
1 de mayo de 1964

Muchas gracias por *Los desheredados*, que ya he leído y descansa a mi derecha mientras tecleo, escucho la sinfonía n.º 6 de Ch[aikovski] y bebo cerveza; cansado; hoy he apostado a los cuartos de milla, si no gano pronto acabaré pudriéndome o suicidándome, qué deprimente..., pero el libro, el libro, sí, me gustó, lo que más me interesó es que retrataba cómo es la vida para personas como tú o yo y personas que conocíamos o conocemos; cómo era la vida y cómo sigue siéndolo, al menos para mí. Todo el mundo sabe que es una putada ser pobre; es una putada estar enfermo y sin blanca, pasar hambre y no tener dinero; es una putada estar enfermo y pasar hambre hasta el final. Los trabajos de mala muerte que necesitamos; los trabajos de mala muerte por los que suplicamos; los trabajos de mala muerte que odiamos con toda nuestra alma pero a los que tenemos que dedicarnos; ¡por dios, la de alcohólicos, poetas, suicidas, adictos y locos que salen de estos trabajos! No entiendo por qué tenemos que vivir de manera tan terrible, deplorable y deprimente en un siglo en el que lo mejor de la civilización ha inventado algo para matarnos a todos. Joder, si es posible destruir la vida por completo, entonces también es posible permitir la vida por completo. Y recalco lo de por completo, no solo para que los millonarios y los estadistas huyan a otro planeta cuando se lo hayan cargado todo aquí... Pero me estoy desviando: me alegro de que el libro vuelva a publicarse porque seguimos teniendo los mismos trabajos de mierda; seguimos desentendiéndonos de los viejos; seguimos siendo inclementes de tal modo que los parados se sienten parias sin excusa, sin voz, sin oportunidades. Sobrevivir a duras penas es algo que conozco bien. Trabajé por 17 dólares a la semana en Louisiana y me despidieron porque pedí un aumento de 2 dólares semanales. Eso fue en 1941. He trabajado en mataderos, de lavaplatos, en una fábrica de fluorescentes, he colgado pósters en el metro de Nueva York, he fregado vagones de mercancías y limpiado los vagones de pasajeros; he sido reponedor, expedidor, cartero, vagabundo, encargado de gasolinera, encargado del coco en una fábrica de tartas, camionero, encargado en una distribuidora de libros, transporté sangre y apreté gomas elásticas para la Cruz Roja; he jugado a los dados, he apostado a los caballos, he sido un loco, un idiota, por dios, no recuerdo todos los trabajos, pero mientras leía tu libro me vinieron muchos a la cabeza. Trabajaba en las cuadrillas de los trenes para así recorrer el país. Una vez fui de Nueva Orleans a Los Ángeles de esa manera; otra, de Los Ángeles a Sacramento. Nos daban latas de comida fría y las abríamos a golpes contra los respaldos de los asientos porque no teníamos abrelatas. Nos cobraban esas latas de mierda, nos las descontaban del primer cheque, supongo que junto con los gastos del viaje. No lo sé, siempre me bajaba de los trenes sin avisar, al igual que otros, pero sé que los que se quedaban trabajaban casi gratis. Siempre había alguien con una botella y un par de dados y una vez canjeamos los bonos de comida en Los Ángeles y nos emborrachamos con 6 o 7 más y nos estrechamos las manos y nos separamos. Joder, me he vuelto a desviar del tema, pero quiero que sepas que lo entendí casi todo, así que gracias de nuevo por enviármelo. No digo que seas Jack London, sino Jack Conroy, lo cual no está nada mal.

Walter Lowenfels, periodista y poeta de izquierdas, editó varias antologías en la década de 1960 en las que incluyó poemas de Bukowski.

[A Walter Lowenfels]
1 de mayo de 1964

[...] No sé quién es Juvenal; me duele la vista cuando dejo de leer la revista del hipódromo.

Miro por la ventana y veo una colina partida por la mitad. Tengo 7 latas de cerveza en la nevera. La vida me sonríe.

Para muchos escritores escribir es como follar: cuando creen que empiezan a hacerlo bien de verdad entonces dejan de hacerlo.

Espero durar unos cuantos asaltos más, pero sé que me aguarda esa cosa, esa cosa que nos despedaza mucho antes de morir, ese tigre, esa puta, esa capa negra, esa uña del pie.

que dios te acompañe y el santo excremento y la cometa rosa que vuela un niño 2 manzanas al norte.

salgo a dar un paseo.

84

Harold Norse, poeta expatriado de la Beat Generation, y Bukowski mantuvieron una intensa relación epistolar en la década de 1960; Bukowski llegó a asegurar que Norse era uno de los mejores poetas vivos e incluso sugirió a varias editoriales que publicasen su obra. Aunque la relación se enturbió en la década siguiente, Norse publicó varios poemas y cartas de Bukowski en la revista independiente Bastard Angel *en 1974.*

[A Harold Norse]
12 de mayo de 1964

[...] Sí, tienes razón: fracasar es una ventaja, y me refiero a no tener que estar tenso con una tía en la cama o el poema o la estatua de cera de Himmler. Es mejor estar tranqui, currártelo a tu manera, libre, y fracasar cuantas veces quieras. Si saltas 5 metros con pértiga te exigirán 5,5 metros la próxima vez y es muy posible que te acabes rompiendo una pierna. A las masas hay que hacerles tanto caso como a un río rebosante de vómito. En cuanto tires a las masas a la papelera, que es donde deberían estar, tendrás una buena oportunidad para saltar con libertad, sin que te juzguen. No me refiero a la Cultura de la Presuntuosidad que practican muchos ricos y faquires y electricistas y cronistas deportivos porque se creen con PODER. Dependen de las masas como las hojas que cuelgan de la rama de un árbol. Me refiero a la dependencia que te permite actuar con margen porque necesitas un beso en la mejilla de la vecina anciana, no necesitas elogios ni dar charlas para la Sociedad Armenia de escritores de Pasadena. Que les den. Más papel, más cerveza, más suerte, ir bien de vientre, un buen polvo de vez en cuando y que haga sol, ¿quién necesita nada más? El alquiler, claro. Ya no sé de lo que estaba hablando, ese es el peligro de hablar. Te pones a largar y a largar y a largar y al cabo de un rato ya no sabes ni lo que dices..., al menos yo..., por eso me siento mucho mejor cuando estoy callado.

1965

David Antin publicó un poema de Bukowski en el tercer número de some/thing *en 1966, cuya portada ilustró Andy Warhol.*

[A David Antin]
16 de enero de 1965

gracias por el ejemplar del número 2 de *some/thing*, me costó digerirlo, pero me cuesta digerir casi todo, eso no es ninguna novedad, y como soy un bocazas te diré que miré la revista y me encontré con los mismos problemas de siempre: todo rezumaba inteligencia, sofisticación, sabiduría anodina, había un uso excesivo de cursivas..., por mi parte, y tal vez sea el único, me alegré mucho, bueno, tal vez no me alegré, pero respiré con más libertad cuando Faulkner murió, no porque hubiese más espacio sino porque nos marearía menos. ya nos joden y engañan que da gusto en el día a día. se pasan. y también me refiero a las MAYÚSCULAS. seguro que estáis volviendo loco al impresor. vaya huevos. te envío un poema manuscrito que acabo de escribir borracho como de costumbre. ¿de qué sirve alardear? me emborracho a menudo y tomaría cosas más fuertes pero cuestan mucho y la condena es absurda si te pillan, y ya cargo con demasiadas condenas como serpientes essperimentos vaya falla raya, toma ya. en resumen, si no piensas usar el poema, devuélvemelo por favor porque no tengo copias en papel carbón porque las copias en papel carbón me la traen floja, escribo directamente en la máquina de escribir.

el uso de símbolos poéticos para sonar poético me hacen daño al oído, a saber:

por ejemplo

> esttrella verde ¾ ¾ //
> erraiti
> /supliqué
> puertas de en/
> trada

a ver, dejémonos de andar jodiendo ya y empecemos a hablar de verdad.

Fred Franklyn escribió una reseña nada favorable de Run with the Hunted, *de Bukowski, para la revista* Grande Ronde Review *en 1964. Mel Buffington publicó varios poemas de Bukowski en tres números de* Blitz.

[A Mel Buffington]
Finales de abril de 1965

[...] Sí, [R. R.] Cuscaden me contó lo de fred franklyn, estaba lívido, cabreadísimo por los golpes bajos de la crítica (Cuscaden publicó *Run with the Hunted*). A juzgar por la carta, la reseña de Franklyn le molestó mucho. No compré un ejemplar para leer sobre mi entierro y defunción en vida. que los perros se muerdan entre sí. tengo cosas que hacer, como dormir o hurgarme la nariz o, como ahora, ver a una mujer con pantalones grises, piernas delgadas y un culo monumental pasando junto a la ventana, y la polla fláccida se me contrae mientras tripas llenas de gusanos en el paraíso cantan como pájaros en esta tarde cálida en Los Ángeles.

Run with the Hunted salió hace ya tiempo y me alegro de haberlo escrito. Me gustaría saber qué diría mi amigo Freddie de *Atrapa mi corazón en sus manos* o de *Crucifijo en una mano inerte*, ayer recibí mi primer ejemplar (se han publicado 3.100 en total), es una antología de los poemas escritos entre 1963 y 1965. Freddy se va a poner las botas.

Al parecer, hay personas que creen que la poesía debería escribirse de un modo determinado. Pobres, qué mal lo pasarán, les acabarán quitando esos prejuicios de la cabeza. Es una putada, lo sé, es como si alguien se tirara a tu mujer mientras estás en el trabajo, pero, como suele decirse, la vida sigue.

Steve Richmond, un joven estudiante de Derecho y devoto de la obra de Bukowski, publicó su poesía y prosa en varias revistas. Bukowski le devolvió el favor y escribió la introducción de dos libros suyos.

[A Steve Richmond]
23 de julio de 1965

[...] tío, los libros de Jeffers están en cualquier biblioteca..., empieza con *Such Counsels You Gave to Me* y *Roan Stallion, Tamar and Other Poems*, sobre todo *Roan Stallion*. Los mejores poemas de Jeffers son los largos. Creo que Conrad Aiken, a pesar de ser algo quejica y arriesgar poco, logró abrirse camino en algunos sentidos. Su principal fallo era que escribía demasiado bien; los sonidos aterciopelados casi escondían el significado y, por supuesto, ese es el juego de la mayoría de los poetas que no valen nada: parecer más profundos de lo que son, introducir como quien no quiere la cosa pequeños dardos deliciosos y delicados y luego retirarse a sus aposentos. Para mí la vida es cada vez más real, pero la poesía no cambia. Me basta mirar cualquier ejemplar de la revista *Poetry* publicado en los últimos diez años para saber que me han embaucado, y es muy posible que nos hayan embaucado. nuestro problema es que nos tragamos su supuesta superioridad y, por lo tanto, SE VUELVEN superiores. pero acaban escribiendo para *The New Yorker* y muriendo y nosotros acabamos trabajando en las minas de carbón y muriendo, ¿qué más da entonces?

Los Webb publicaron dos libros de Henry Miller tras haber publicado Atrapa mi corazón en sus manos *y* Crucifijo en una mano inerte.

[A Henry Miller]
16 de agosto de 1965

hoy cumplo 45 años y con esa pobre excusa me permito el lujo de escribirte, aunque me imagino que recibes tantas cartas que acabarás loco. a mí también me llegan muchas, la mayoría muy animadas, incluso con garra, pero pierden fuelle cuando escriben poesía (y me la mandan). estoy escuchando a Chopin..., sí, joder, soy bastante carca en algunos sentidos... y dándole a la birra. Conocí a tu querido Fink y sus chistes sobre los judíos, y también su amplitud de miras. trajo cerveza y a su mujer, le escuché y le regalé un collage o algo que había hecho. te pone por las nubes, pero vaya novedad, muchos lo hacemos.

pues nada, me regaló un ejemplar del libro de Céline, ¿cómo se llamaba, *Viaje al fin de la noche?* la mayoría de los escritores me ponen enfermo. sus palabras ni llegan al papel. miles de millones de escritores y sus palabras ni llegan al papel, pero Céline hizo que me avergonzara del pésimo escritor que soy, quise dejarlo todo. un puto maestro hablándome al oído. dios, volví a sentirme como un niño. escuchando. no hay nadie como Céline o Dostoievski, salvo que se llame Henry Miller. pues bien, después de sentirme mal al descubrir lo insignificante que era, leí el libro entero y me dejé llevar de la mano. Céline era un filósofo que sabía que la filosofía es inútil; un cabronazo que sabía que follar es casi una farsa; Céline era un ángel que escupía a los ojos de los ángeles y caminaba por las calles. Céline lo sabía todo; es decir, sabía todo cuanto hay que saber cuando se tienen dos brazos, dos pies, una polla, algunos años por delante, no muchos. polla tenía, eso está claro. eso ya lo sabías. no escribía como [Jean] Genet, que escribe pero que muy bien, demasiado bien, tan bien que resulta soporífero. ah, joder, y mientras tanto disparan desde los tejados y la otra noche tiraron un cóctel molotov entre Hollywood Blvd. e Ivar, no muy lejos de aquí. Trabajo con negros y casi todos me adoran, tal vez debería llevar una pancarta que dijera: ¡EH, EH! ¡LOS NEGROS ME ADORAN!, pero eso tampoco serviría porque algún blanco cabrón me dispararía. por dios, mi compañera está dando de comer a nuestra hija y mientras te escribo me inclino hacia ella y le digo: «oooh, un poquito de plátano, venga, UN POQUITO DE PLÁTANO». yo, el tipo duro. todos nos ablandamos. están aquí desde que empecé la carta, tengo la radio encendida y fumo un puro barato y bebo cerveza, así que si todo esto es un embrollo no es porque haya un mono verde debajo de la mesa tirándome de los huevos.

un poco borracho como de costumbre, sí. Chopin sigue sonando con los dedos de... ¿quién? ¿Pennario? ¿Rubenstein? no tengo tanto oído. los huesos de Chopin están bien muertos y disparan desde los tejados y estoy en una cocina ruidosa y sucia escribiendo a Henry Miller. otra birra, otra birra. mi teoría es la de no rendirse; no dejaré de escribir aunque me rechacen toda la vida; no me rendiré aunque me envíen un coro de putas que me machaque vivo y un grupo de seis baterías maricones tocando los bongós a ritmo de twist y bebop. no empecé hasta los 35 y si espero otros 35 no quedará mucho de mí. hoy cumplo cuarenta y cinco y estoy escribiéndole a Henry Miller. genial. creo que Fink opina que soy un presuntuoso, lo que pasa es que no me gusta llamar a la puerta de nadie, siempre he sido un lobo solitario. te lo diré bien claro: casi nadie me cae bien..., me cansan, me marean, me roban, me mienten, me joden, me engañan, me enseñan, me insultan, me quieren, pero sobre todo hablan hablan HABLAN hasta que me siento como un gato al que un elefante se la ha metido por el culo. no me sienta bien, es demasiado y no me sienta bien. en los mataderos y en las fábricas están demasiado ocupados para hablar, y me gustaría agradecérselo a los ricachones de mis jefes. incluso cuando me despiden no oigo sus voces, y no hay hijoputa al que hayan despedido tanto como a mí, pero nunca oigo sus voces; se hace con tacto, de manera educada, sin jaleo, y me largo de las fábricas y no se me ocurre ponerme a disparar desde los tejados. solo pienso en tirarme una semana durmiendo y después ya se verá. o vuelvo a casa, echo un buen polvo y me paso la noche bebiendo. algo así. esos planes me vienen de perlas. soy un capullo, pero un capullo solitario. y como he publicado unos cuantos poemas ahora llaman a mi puerta, pero sigo sin querer verlos. lo que pasa es que si eres un tipo solitario y un don nadie, entonces eres un colgado, pero si eres un tipo solitario y te estás dando a conocer, entonces eres un presuntuoso. hagas lo que hagas, siempre encontrarán el modo de ponerte en tu sitio. hasta mi compañera se pasa el día corrigiéndome, diga lo que diga. si me levanto por la mañana y digo: «Joder, qué calor», ella dirá, «Crees que hace calor, pero no hace tanto calor como ayer. imagínate si vivieras en África...» y cosas por el estilo.

¿por dónde iba? ¿otra birra? por supuesto.

ahora mi hija quiere darle a la máquina de escribir. adelante, colega, adelante. la levanto a peso y la pongo en el suelo de nuevo y le digo: «Maldita sea, ¿no ves que estoy escribiéndole a Henry Miller? ¿es que no sabes que hoy cumplo 45?»

pues nada, espero que recibieras los 3 ejemplares de *Cru[cifijo]*. Webb me dio 16 y no debería haberlo hecho porque suelo regalárselos a quienquiera que me haga compañía cuando estoy borracho, al igual que los cuadros, pero los cuadros son mediocres, intento que el amarillo destaque más que los otros colores, como si fuera mi columna vertebral. sí, soy amarillo; soy amarillo y un tipo duro y estoy cansado y borracho, y la vida se despide como un pedo y sigo como si nada. No dejo de pensar en [D. H.] Lawrence ordeñando las vacas, no dejo de pensar en su querida Frieda, estoy colgado; no dejo de recordar caras que he visto en fábricas, cárceles y hospitales. no me compadezco de esas caras, no las distingo con claridad. como bayas meciéndose en el viento, como mierda de pájaro en la estatua de la vida. maldita sea. otra cerveza. ahora suena Franck. nos conformamos con lo que nos dan. aunque la Sinfonía en re menor no está mal. una vez estuve casado con una millonaria y estaba tumbado borracho en la alfombra escuchando la Sinfonía en re menor de Franck, y ella va y me dice: «¡Esa música es horrible!», y supe de inmediato que el millón nunca sería mío. no era mi tipo. y para demostrarlo, esa noche cuando me la tiré en el dormitorio se cayeron todos los estantes y las macetas y la bisutería me cayeron en la espalda y el culo. a ver, soy bueno, pero no tan bueno. le pareció horrible que también me riese entonces, y se la volví a meter y el millón se esfumó... «No me gustan los hombres que se ríen de sí mismos, no me gustan los hombres que se mofan de sí mismos. me gustan los hombres con amor propio», me dijo. bueno, me río porque soy ridículo, soy temporal, cago y me limpio el culo, estoy lleno de mocos y babas y bichos e ideas grandiosas... en realidad no soy más que un gilipollas. primero fue el tipo meloso y culto con el alfiler de corbata púrpura, pero ella acabó con un esquimal, un pescador y profesor japonés, creo que se llamaba, llama, Tami. Tami se quedó con el millón y yo con el coche. supongo que ninguno de los dos escucha a Franck.

pues eso, espero que hayas recibido los libros. mi mujer fue al mercado a comprar una caja, la despedazó e hizo todo el trabajo sucio. un amigo tuyo dijo que pagaría los libros, dijo: «Los pasaré como gastos de oficina.» le sugerí 5 dólares por libro, y dado que solo cobro diez centavos por ejemplar vendido en concepto de derechos de autor, me pareció un chollo. creo que a él también porque han pasado 2 semanas y sigo sin noticias. claro que le dije: «Si andas escaso de dinero, olvídalo.» supongo que todos andamos escasos. la tumba nos espera, no hay manera de evitarla. una vez viví en un lugar en Atlanta por un dólar y 25 centavos a la semana. viví allí un mes por apenas 8 dólares. y escribí poemas en los bordes de unos periódicos viejos que encontré en el suelo. no había luz ni calefacción. no sé qué fue de los periódicos y apenas recuerdo qué fue de mí. es normal, incluso se vuelve anormal. te estoy dando la vara esta noche. ¿sigues leyendo? los 45 son de lo más triste, aunque los 30 fueron los peores. salí adelante y no porque tenga agallas.

prepárate para lo que más temías: por supuesto que me gustaría conocerte. me gustaría verte sentado frente a mí. no creo que pase. hablar no es lo mío y casi siempre me encuentro mal. sería como si un don nadie conociese a Dios. y te levantarías para ir al baño a mear y diría: vaya, Dios también mea. no te tomes a mal la adulación, Henry, ya la veías venir. ya has pasado por esto antes. te llamo «Henry» porque un estudiante que me envía cartas larguísimas llenas de tonterías insiste tanto en llamarme «señor Bukowski» que me lo acabo creyendo, y lo único que quiere es arrastrarse por encima de mi cadáver inerte. bueno, da igual, si decides venir a verme, ¡ay!, mi número de teléfono es NO-1-6385 y la dirección está en el sobre. pero te estoy tomando el pelo. olvídalo.

Céline, Céline, dios mío, Céline. ¿cómo es posible que haya existido un hombre así?

otra birra.

pues nada, como eres Céline, me gustaría que supieras que, escriba lo que escriba, he vivido lo mío: los bancos públicos, las fábricas, las cárceles; vigilé la puerta de un burdel en Fort Worth, trabajé en una fábrica de pienso para perros, cumplí condena con el Enemigo Público N.º 1 (¡vaya suerte la mía!); robé y me robaron; me desangré en los hospitales; me arrejunté con todas las putas y zorras locas habidas y por haber; trabajos terribles, mujeres terribles, de todo, y casi nada aparece reflejado en mi poesía porque todavía no soy lo bastante hombre y tal vez nunca lo sea; en el último número de *La Grande Ronde*

Review dicen que soy tosco, que mi ortografía es pésima y me asestan todo tipo de golpes bajos. no he comprado un ejemplar, no tengo agallas, me lo contaron. emplearon 5 páginas y media para ponerme por los suelos. ¿¿significa que lo estoy consiguiendo?? lo que la mayoría no sabe es que, aunque mi ortografía deja mucho que desear, muchas veces escribo borracho y los dedos me fallan mientras tecleo, y a la mañana siguiente estoy demasiado resacoso para leer nada, así que envío todo tal cual lo escribo, como haré con esta carta. la mañana no puede plantarle cara a la noche.

creo que en lugar de seguir voy a dejarlo aquí; seguramente he hablado más de la cuenta. después de un comienzo alocado, llevo 8 años con el mismo horario en un trabajo horrible. pero el otro día vendí un cuadro por 20 dólares sin que tan siquiera lo hubieran visto. un tipo de un pueblecito de Florida me envió un billete de veinte y me dijo: «envíame uno de tus cuadros». así que tal vez todavía no esté muerto. tú nunca estarás muerto.

[A Henry Miller]
Finales de agosto de 1965

no, no soy de los que se presentan sin avisar, espero que no creas que pienso plantarme en tu casa así como así. aunque suene a excusa, escribí la carta borracho. en cuanto a la bebida, si se carga la creatividad, pues qué se le va a hacer. para mí es más importante vivir el momento que ser un artista creativo; vamos, que necesito algo que me dé cuerda o me quedo atrás, soy un cobarde, no me apetece cruzar ninguna puerta.

Los libros [*Crucifijo*] ya están pagados, y justo a tiempo (para mí). tuve que cambiar los frenos de mi viejo Plymouth, he estado conduciéndolo sin frenos. mi mujer ha chillado al ver el precio. creo que soy idiota. soy idiota. va al baño a mear y deja la puerta abierta y le miro las piernas largas e inertes. luego enciende la radio. la radio siempre está encendida. camino por el apartamento con tapones para los oídos mientras cavilo si debo salir a comprar una botella de vino. como todo el mundo, debo la factura del gas, la del teléfono y los acantilados me caen encima... no, no, casi nunca escribo prosa, sobre todo porque si la rechazan es como si me mataran. toda esa energía desperdiciada. no tengo valor de escribir una novela porque temo que contaría casi toda mi vida y luego se quedaría para siempre en un cajón. una vez dije en una revista que escribiría una novela si me pagaban un adelanto de 500 dólares. nadie se ofreció ni lo hará. aunque lo parezca, no es cuestión de dinero, sino de quedarme sin energía. escribo poemas y casi nunca me hacen daño y sigo al mando de la fortaleza, por así decirlo. mi hija me está arañando... tiene 11 meses y ya quiere escribir a máquina. ya se le presentará la oportunidad, joder.

buscaré los libros de [Jean] Giono o le pediré a mi mujer que lo haga, aunque no creo que haya nadie a la altura de Céline. era un genio. ¡mierda, mierda, me duelen los brazos y el pecho! mañana iré en tren a Del Mar. estas mujeres me están volviendo loco en las 2 pequeñas habitaciones del apartamento, tengo que buscar momentos de libertad: el cielo, la carretera, el culo de un caballo, los árboles muertos, el mar, nuevas piernas para deambular, cualquier cosa, cualquier cosa... los dibujos que te envié eran pésimos, malos de verdad. estoy preparando un libro de dibujos para un editor y los 2 que te mandé no forman parte de ese proyecto. el editor quiere usar muchos dibujos y algunos poemas, una buena combinación: un poco de tinta china y mucha cerveza y me meto de cabeza.

Bukowski envió ambos dibujos a Miller tras haber descartado su inclusión en *Atomic Scribblings from a Maniac Age* (1966), un libro inacabado de dibujos y poemas.

Bukowski apareció en varios números de la revista Intermission, *editada por Gene Cole, en 1965-1966.*

[A Gene Cole]
Diciembre de 1965

Gracias por los ejemplares de *Intermission*, he leído 2 de momento; los artículos están bien, pero a los poemas les falta vida. De todos modos, me pongo de los nervios cuando leo esos artículos sobre dramaturgia, con cosas como «una obra debe de tener una premisa» y otras por el estilo. Mucho me temo que los problemas de los dramaturgos son los mismos que los de todo el mundo, es decir, les han preparado para que hagan las cosas de una manera determinada. Es posible que esto sea útil para los profesionales; tal vez consiga que los dramaturgos malos casi sean buenos, pero el «cómo hacerlo» nunca creará Arte, nunca nos despojará de la piel vieja, nunca nos sacará de aquí. Si escribiese una obra de teatro lo haría como me diese la gana y saldría bien. No estoy diciendo que no deban escribirse artículos sobre dramaturgia ni que no haya talleres sobre dramaturgia. No prohibiría nada. Que la gente haga lo que quiera. Les deseo suerte. Seré el primero en alegrarme de que me tachen de mentiroso si son capaces de crear Arte y obras de teatro que perduren con esos métodos.

1966

*John Bennett publicó la poesía de Bukowski en va-
rios números de la revista* Vagabond *en las décadas
de 1960 y 1970.*

[A John Bennett]
Finales de marzo de 1966

[...] a veces cuando me emborracho sale el editor que llevo dentro, se apodera de las pocas neuronas que me quedan, y se me ocurren ideas para publicar revistas, a saber:
(¡va en serio!)

1. *Una Revista Contemporánea de Literatura, Arte
   y Música*
   o
   *Una Revista de Literatura, Arte y Música Contempo-
   ráneos*
   nada de poesía ni obras modernas, solo artículos con garra sobre el mundillo y, si es posible, re-
   producciones artísticas. por supuesto, yo mismo escribiría algunos de los artículos para asegurarme de
   que la revista tuviera vida y agallas. creo que es necesaria una revista así, pero dudo mucho que se
   ponga en marcha.
2. *La Revista Papel de Váter*
   la redactaría en papel de váter (nuestro lema sería «¡Nos importa una mierda!»), usaría papel carbón y
   luego pegaría el papel de váter en un papel normal
   y dibujaría una portada original para cada ejemplar.

3. (sin título) escribiría cada número a mano con tinta china y también haría óleos al pastel (distintos) para cada número, y las portadas tendrían una ilustración única y original. aprendí a escribir a mano muy rápido cuando pasé hambre de joven y no tenía máquina de escribir y enviaba todo usando el tintero. escribo más rápido usando mayúsculas que a mano alzada, o al menos antes era así. [...]

un idiota de Arkansas se ha esfumado con unos 100 dibujos que hice con tinta china para un libro de dibujos

El proyecto inconcluso *Atomic Scribblings from a Maniac Age* nunca vio la luz, y este dibujo acabó publicándose en una revista literaria en 1971.

y poemas. el tipo anunció el libro y cobró los pedidos por adelantado. no responde a mis cartas y ahora todo el mundo pensará que soy un puto estafador. eso no es lo que más me molesta sino las largas noches que me pasé despierto hasta el amanecer, descojonándome, bebiendo, en pelotas en la cocina, manchándome de tinta china, dibujando por las paredes, sintiéndome casi vivo, para que ahora ese cabrón se quede con todas esas noches, todos esos dibujos y desaparezca con ellos. me gustaría pillar a algunos de esos hijos de puta abriéndome la puerta de su casa, pero están muy tranquilos porque saben que no voy a ir por todo el país persiguiéndolos. es más fácil hacer otros cien dibujos. pues nada, ahí tienes otra historia patética para tus archivos. nunca olvides que no se puede confiar en los hombres de letras. antes me fiaría de las hormigas, los pigmeos, los artistas de las pajas, los chupapollas, los niños de mamá comemocos... casi, casi. recuerda que en agosto cumpliré 46 años, y aunque empecé este juego a los 35, he visto tanta mierda en 11 años que bastaría para bombardearlos a todos ellos. casi.

Lawrence Ferlinghetti, quien había fundado City Lights en 1953 y había publicado Aullido, *de Allen Ginsberg, en 1956, publicó la* Artaud Anthology *en 1965; Bukowski la reseñó a comienzos de 1966 en el periódico* Los Angeles Free Press.

[A Lawrence Ferlinghetti]
19 de junio de 1966

[...] no quería irme por las ramas. en cuanto a Artaud, caí en la cuenta de que muchas de sus ideas son parecidas a las mías; de hecho, mientras leía la antología era como si yo mismo hubiera escrito muchos de los pasajes... gilipolleces, claro está, pero es uno de los pocos escritores que me hace sentir como un niño aprendiendo a escribir, y casi nunca me siento así.

no te preocupes por las reseñas en Francia, esos cabrones siempre piensan que somos unos carcas... es una especie de estandarte que blanden hace siglos, es una caza de brujas y un conjuro de coños. es tu mejor libro, una maza con piernas y ojos.

mientras, me toco mis pobres huevos y tirito bajo el sol.

Jean y Veryl Rosenbaum publicaron la poesía de Bukowski en varios números de la revista Outcast *entre 1966 y 1968.*

[A Jon y Lou Webb]
11 de julio de 1966

sí, Rosenbaum recibió el número de *Ole* con el poema sobre él. me escribió y tengo la carta por algún lado.

¡Salve, Hank! Rey de las birras,
Esperaba con ansia que tu poema en Ole, *en respuesta al excelente artículo que publiqué en el número 1 de* Outcast *sobre el mundillo literario, me ofendiera. Me decepcionó mucho que apenas dijeras ¡ay! La queja era tan inaudible que hasta un pedo se oiría más. No me aburrió tanto tu percepción superficial de la situación como que hayas perdido gancho. De hecho, sabes tan bien como yo que no has escrito un poema que valga la pena desde* Atrapa mi cora-

103

zón..., a pesar del bombo y platillo que han recibido los dos libros siguientes. Veryl y yo te admiramos y nos preocupa tu declive artístico, por mucho que ahora seas más popular que nunca. Creo que estás por encima de eso. ¿Sabes que el seguro de Correos cubre el 50 % del coste de un tratamiento psicoterapéutico? Ojalá hagas algo para liberarte porque necesitamos y queremos poemas de primera para los siguientes números de Outcast.

Jean

Escrito en papel rosa con un membrete de *Outcast*. en el último número de la revista publicaron un poema mío con 3 o tal vez solo 2 palabras mal escritas, y no eran errores míos, sino que pusieron una «e» donde debería ir una «o» y cosas por el estilo. los poemas de los otros autores no tenían erratas. no creo que haga falta decir lo obvio, pero es otro claro ejemplo de que tratar con Jean no termina de gustarme. mi poema tal vez le decepcionara en lugar de ofenderle, pero bien que saca sus colmillos amarillentos en la carta. no hace falta ser psiquiatra para darse cuenta de que me la está devolviendo. estoy harto de este tío. por cierto, Correos ofrece media docena de seguros diferentes. las tarifas varían, incluida la del «tratamiento psicoterapéutico». le encanta sacar el tema de Correos porque sabe que me está matando. tampoco entiendo lo de «creo que estás por encima de eso», está metido con calzador entre 2 ideas con las que no guarda relación alguna. ¿soy el único que está majara? [...]

el que Loujon publique un 3.er libro de Bukowski en 1967 o a principios de 1968 es lo único que evita que caiga muerto en medio de la calle. la remota posibilidad de que se haga realidad impide que arranque el papel pintado de las paredes y que me acueste con mujeres con las que no me apetece acostarme y que deambule bajo el sol con agujeros en el alma y los bolsillos, joder. me alegra recibir la noticia tan pronto. podría empezar a buscar los poemas y pasarlos a limpio. me han aceptado poemas en 2 docenas de revistas literarias y hoy mismo he recibido un par de cartas de editores europeos que quieren ver lo que escribo, y mis dedos se sienten bien al tocar las teclas y el papel. ya no escribo como lo hacía en *Atrapa mi corazón*. hay quienes se molestan por eso, pero a mí me parece de lo más normal. escriba lo que escriba, ya sea bueno o malo, tiene que ser un reflejo de quien soy en estos momentos. los poemas sobre las putas y las borracheras tuvieron su momento de gloria, pero no puedo pasarme la vida escribiendo sobre lo mismo. los norteamericanos siempre quieren una IMAGEN para todo, algo que etiquetar y clasificar, y no pienso dárselo. o aceptan a este viejo con agujeros en los calcetines frotándose los ojos y soñando con Andernach a las 4 de la tarde o no hay nada que hacer. el último poema que escriba será el poema que tendré que escribir entonces. me permito el lujo de tomarme esa libertad. [...]

no, [John] Martin no suele venirme con sermones, intento que me hable más de él y de sus actividades. su impresor es un carca de cuidado. dile un día que te cuente cosas del impresor. en uno de mis poemas salía la palabra «joder». el impresor lo preparó todo menos esa palabra. dijo que no podía hacerlo, que nunca lo había hecho. le sugirió a Martin que usáramos un sello de caucho para estampar esa palabra. dios mío, al final Martin no publicó el poema por culpa del impresor. dice que mis poemas son «sádicos». santo dios, vaya mundo lleno de pájaros de mal agüero.

[...] sí, cuesta tragar a Creeley, pero creo que se está desesperando porque escribió un poema en el que veía a una mujer orinar en el lavabo, la mujer no meaba sino que orinaba y se ruborizaba, orinaba después de que él se la hubiera follado..., solo que Creeley no folla sino que hace el amor. pero el poema no terminaba de funcionar porque era obvio que estaba esforzándose por ser uno de los nuestros. es como si yo imitara a Creeley, veamos:

la columpié en el columpio
del parque, a mi hija, el cielo estaba allí,
mi hija en el columpio, en el
parque, y un día, pensé, mientras ella rozaba el cielo:
tendré
        mi oportunidad.

Michael Forrest, poeta coetáneo de Bukowski, también publicaba sus libros en Black Sparrow Press.

[A Michael Forrest]
Finales de 1966

[...] Esculpo en piedra no porque perdure sino porque está ahí y no replica como una mujer. Esculpo en piedra porque los 2 o 3 buenos hombres del futuro me leerán y se reirán. Eso me basta, es todo cuanto tengo.

Creo que gracias a (o a pesar de) mis 46 años en el infierno he conservado unos gloriosos y cobardes y maravillosos e insignificantes atisbos de pensamiento + unas carcajadas de loco debajo (quizá) de la uña del dedo gordo del pie izquierdo, lo cual me mantiene con vida entre el suicidio y la lucha.

Es un buen terreno neutral. Por supuesto, los terrenos neutrales no son contundentes ni altisonantes (o triunfales) desde un punto de vista artístico y público ni tampoco son adorables. En la mayoría de mis poemas camino por una habitación y estoy alegre/triste (no son las palabras adecuadas) de que tanto la habitación como yo estemos ahí en ese momento. Creo que he leído casi todos los libros, pero nunca nadie me había dicho eso, y ojalá lo hubieran hecho. Ya fuera N[ietzsche], Shope[nhauer]o el pretencioso y demagogo de Santayana. Cualquiera.

1967

*Darrell Kerr y Charles Potts publicaron en 1968 en su
pequeño sello editorial Poetry X/Change un librito de
Bukowski titulado* Poems Written Before Jumping
Out of an 8 Story Window.

[A Darrell Kerr]
29 de abril de 1967

[...] vamos, para mí la acción está en la Creación, con
C mayúscula de Coño. o bien la escribes la pintas o te la
follas. 2 tipos hablando no me sirven de mucho.

escribir poesía es algo singular.

a ver, no me considero un presuntuoso que piensa que
su mierda no apesta, pero entre las borracheras y el trabajo
que me mata, apenas me quedan una o 2 horas libres y me
gusta aprovecharlas a mi manera.

así que no doy recitales poéticos no voy a las protestas
hippies ni a los bailes del amor ni nada parecido.

siempre he sido un «lobo solitario». hay personas así,
que se sienten mejor solas, ya sea por naturaleza, psicosis o
miedo a las multitudes. ahora está de moda AMAR A TODA
COSTA, pero creo que cuando el amor se transforma en
una orden, el odio se vuelve placentero; lo que trato de
decirte es que soy un viejo gruñón y que venir a verme no
cambiará nada, sobre todo si he bebido whisky malo con
el estómago vacío. tengo casi 47 años y llevo 30 bebiendo,
no queda mucho de mí de tanto ir y venir a los hospitales.

no lo digo en plan quejica. pero es que algunas de las cosas que los jóvenes viven y entienden ahora (y hay muchas cosas que no entienden) yo ya las viví en 1939 cuando la Guerra era Buena, la Izquierda era Hermosa, etcétera. cuando Hemingway escribía bien y los jóvenes salían corriendo para alistarse en la Abraham Lincoln Brigade. los jóvenes siempre se entusiasman; yo, no. el marco del cuadro no deja de cambiar y si vas a ver todos los amaneceres bonitos acabarás atrapado en un puñado de búnkeres y banderas sin vida. lo idóneo sería que todos tuviésemos ideas propias; ponerse a chillar como un mono en un parque o en la oscuridad no servirá de nada. de hecho, son pocas las cosas que sirven. no lo conseguiré con la máquina de escribir ni tú con la librería. si el mundo cambia será porque los pobres follarán demasiado y porque habrá demasiados pobres y los pocos ricos se asustarán porque si hay demasiados pobres de verdad ni toda la propaganda del mundo podrá convencerles de lo afortunados que son ni de que la pobreza es sagrada y la inanición fortalece. si se les permite votar, las cosas cambiarán, y si no se les permite votar, los disturbios serán cada vez más violentos e incontrolables. aunque paso de la política, todo esto cae por su propio peso. pero los ricos son listos e intentarán contentarlos y contenerlos con migajas. la bomba también resolvería muchas cosas. los elegidos solo tendrían que esperar a que haya un escondite seguro en el espacio y detonar después la bomba. en los lugares indicados. y una vez que los escuadrones de limpieza hubieran desinfectado a conciencia la zona, volverían. mientras, sigo sentado frente a la máquina de escribir y espero. [...]

es peligroso salirse demasiado de la forma poética. la forma poética (mierda, acabo de mirar por la ventana y he visto a una mujer salir de un taxi con una faldita amarilla y unas medias de nailon, joder, se contoneaba bajo el sol y el viejo verde que hay en mí se ha apoyado en la ventana y ha derramado lágrimas de sangre), la forma poética conserva la pureza de los dientes, el tacto de terciopelo, el nailon de la guitarra rota del alma, o o síii. pero de vez en cuando me escabullo de la forma poética y largo que da gusto. soy humano, «demasiado humano», como dijo cierto filósofo polvoriento. polvoriento, sin movimiento. hasta los gusanos follan. [...]

creía que había ganado el Pulitzer. Webb me dijo que el año pasado los del Pulitzer se habían puesto en contacto con él, que *Crucifijo* había sido nominado al Pulitzer. supongo que Webb estaba borracho o se lo dieron a otro escritor. apuesto lo que sea a que se lo llevó un profesor universitario gordo que escribe rondós con rima para demostrar que tiene alma. tengo que dejarlo aquí. aunque parezca que estoy borracho hace ya 2 días que no bebo nada. perfecto. oscurece. Los Ángeles es una Cruz de la que colgamos como pequeños Jesucristos de mierda. son las 6 de la tarde. suena música china en la radio. sobrio, sobrio, sobrio.

Ronald Silliman, poeta, editor y crítico asociado a la Escuela del Lenguaje, discrepaba radicalmente de la visión poética de Bukowski.

[A Ronald Silliman]
Marzo de 1967

[...] He leído a los críticos, Winters, Eliot, Tate, etcétera, los Nuevos Críticos, los Novísimos Críticos, las demandas de Shapiro, el corrillo de la *Kenyon* [*Review*], el corrillo de la *Sewanee* [*Review*], me tiré media vida leyendo a los críticos, y aunque el contenido era pretencioso, el estilo me resultaba grato, y me parece bien que me digas que los mejores escritores están intentando devolver a la poesía «la dignidad humana, el amor propio, el orgullo de un semental libre y salvaje». eso suena tan falso como un caballo con un culo de caucho, pero si esa es tu visión de las cosas, pues nada, es respetable.

«SI TODO LO DEMÁS ES FEO, MORTÍFERO, ¿NO TENEMOS EL DEBER DE SER HERMOSOS?», me gritas en mayúsculas. Ronald, «deber» es una palabra obscena y «hermoso» es un término humillante. si quieres dejar a alguien boquiabierto de verdad, pídele que sea «hermoso».

[A John Bennett]
Septiembre de 1967

el mundillo de las revistas independientes deja mucho que desear. hay 3 o 4 buenas y poco más. el otro día una de ellas, *Grist*, cambió una palabra en uno de mis poemas, puso «concebir» en lugar de «conseguir», con lo cual, leyendo el resto del poema, quedaba como un maricón. tienen su club, su estilo, pero ¿por qué me obligan a que sea de los suyos? no me sentía bien y les escribí al respecto. además, docenas de revistas han aceptado mis poemas pero nunca los publican y NUNCA me los devuelven. no tengo copias en papel carbón, ni creo que mi obra sea tan valiosa, pero es vergonzoso el modo en que estos jovencitos editores con grandes ideales acaban convirtiéndose en gilipollas, maricones, faquires, soplapollas, sádicos, etcétera, etcétera. el problema es que son muy jóvenes. publicar una revista independiente les parece algo espectacular,

111

Arte en estado puro, creen que rompen barreras, se envalentonan, etcétera. pero lo cierto es que la mayoría son editores pésimos sin blanca que esperan ganar pasta; la mayoría detesta trabajar y escribe peor que mal; se acaba cansando y manda todo a la mierda. he perdido un libro de poemas y dibujos por culpa de estos gilipollas, junto con 300 poemas. a veces pienso que me iría mejor si tratase con la compañía telefónica o la del gas o incluso con la policía.

Robert Head publicó un poema de Bukowski en la revista Copkiller *en 1968 así como más de 80 columnas «Escritos de un viejo indecente» en el periódico underground* Nola Express *entre 1969 y 1974.*

[A Robert Head]
18 de octubre de 1967

[...] en cuanto a los poemas en contra de la guerra, fui pacifista hace mucho tiempo, en una época en la que no era popular ni estaba de moda serlo. me sentí muy solo durante la Segunda Guerra Mundial. desde un punto de vista intelectual y artístico existen guerras buenas y guerras malas. para mí solo hay guerras malas. sigo estando en contra de la guerra y en contra de muchas otras cosas, pero recuerdo cuando los poetas y los intelectuales cambiaban como las estaciones, y la confianza y resistencia que tengo son producto de lo que queda de mí, y cuando ahora veo a los manifestantes sé que su valentía es una especie de valor popular, hacen lo correcto en la compañía correcta, es tan fácil ahora. ¿dónde cojones estaban cuando me encarcelaron durante la Segunda Guerra Mundial? nadie decía nada entonces. no confío en la bestia humana, Head, y no me gustan las multitudes. bebo cerveza, tecleo y espero.

[A Harold Norse]
21 de octubre de 1967

[...] p.d.: vaya mierda de carta..., en cuanto a Ginsberg, está claro que hace mucho que aceptó la adulación de las masas y es un error porque cuando las masas te adulan y lo aceptas, comienzan a joderte vivo. pero Allen no lo sabe. cree que tiene agallas de sobra para superarlo. su barba destaca y suele salvarle, pero es imposible escribir poesía con una barba. apenas leo nada suyo. su autoproclamación como DIOS y LÍDER es anodina y ambiciosa. pero, claro, depende de Leary y Bob Dylan, quienes acaparan las noticias de portada. son decisiones mediocres. todo esto es más que obvio, pero nadie dice nada al respecto porque temen a Allen del mismo modo que temen (un poco más) a Creeley. es un mundillo consumido, como si fuera una película de miedo..., quieres reírte pero el aire apesta. creo que algo tan retorcido solo puede ser cosa de los Estados Unidos, aunque no estoy seguro. joder, ¿es que los europeos la cagan del mismo modo? supongo que sí, pero no con la misma constancia y certeza.

[A Harold Norse]
3 de noviembre de 1967

[...] ya nos va bien que nos publiquen *Evergreen* [*Review*] y Penguin, nos servirá para mantener a raya a los escritorzuelos y a los idiotas, no debemos olvidar nuestros orígenes ni perder la cabeza. un campeón tiene que demostrar su valía en el siguiente combate; el último no le ayudará a superar ni el primer asalto. escribir nos mantiene vivos, es alimento, gachas, bebida, un polvo salvaje. la máquina de escribir purifica y destruye y estabiliza y reza. nadie me pedirá jamás que aspire a presidente con una pancarta que diga «maría para los porretas». he tenido muchos trabajos de mierda. y si quieren una dosis de divinidad, que vayan a la iglesia de la esquina. lo único que necesito son cintas para la máquina de escribir, papel, algo para comer y un lugar donde dormir, preferiblemente con una ventana con vistas a la calle y un cagadero que no esté al final del pasillo y una casera de buenas piernas que te roce con los muslos y el trasero de vez en cuando. que me roce, de vez en cuando.

[A Harold Norse]
1 de diciembre de 1967

hoy he recibido el número 50 de *Evergreen* con mi poema al final de todo; está lleno de famosos: Tennessee Williams, John Rechy, LeRoi Jones, Karl Shapiro, William Eastlake..., pero no se salva nada, aparte de mi poema y una obra de teatro muy buena de Heathcote Williams, *The Local Stigmatic*, que se estrenó en el Traverse Theatre de Edimburgo... si es que alguien lo conoce. está muy bien, la verdad. pero Rechy da pena y Williams y Shapiro casi otro tanto. hace tiempo que descubrí que los famosos escriben bien al principio y luego viven del cuento, y las editoriales, los lectores y las revistas se tragan toda su mierda. los dioses me han bendecido al no hacerme famoso: sigo disparando palabras desde un cañón, que es mucho mejor que derramar algunas tristes gotitas desde una polla fláccida. de todos modos, me sentó bien salir en *Evergreen* porque me enseñó que todo es nada y que nada es todo y que tienes que seguir atándote los cordones de los zapatos, si es que tienes zapatos, y dándolo todo, si es que tienes algo que dar. en realidad me preocupa un poema más largo que escribí para ellos sobre las corridas de toros y espero que quede bien (para mí) cuando lo publiquen. lo bueno de *Evergreen* es que tal vez alguien que nunca te ha leído antes se emocione, aunque eso es secundario, la clave es poner toda la carne en el asador, escribir, da igual dónde se publique. existen unas cuantas verdades básicas y tendemos a olvidarlas. o nos aburrimos de ellas. hablo mal de *Evergreen* porque me remuerde la conciencia y temo haberme bajado los pantalones como escritor para aparecer en sus páginas. por otro lado, me siento como un niño abriendo los regalos el día de Navidad. no está nada mal. al fin y al cabo, una vez que has acabado el poema no eres más que un comercial cobarde, y está claro que cualquier escritor preferiría salir en *Evergreen* que en *Epos, A Quarterly of Verse*. tal vez todavía no han llegado los verdaderos genios. tal vez estemos en una fase embrionaria y, lo que es peor, nos sacarán a la fuerza de nuestros embriones antes de tiempo. ah. humm. tengo las mismas debilidades que cualquier marinero inculto que acaba de bajar del barco tras 90 días en alta mar sin apenas dormir. no pretendo ser una especie de Jesucristo, y de todos modos ser como Jesucristo sería una puta mierda, ¿no crees?

1968

[A Jack Micheline]
2 de enero de 1968

[...] Sí, tienes razón, el mundillo poético es demasiado baboso y lo controlan impostores de tres al cuarto; la revista *Poetry* (Chicago), que antes era de las mejores, ahora es el territorio de poetas mediocres y timadores, pero nos vigilan, llaman a nuestra puerta, quieren vernos de cerca para saber cómo nos lo montamos. pero no ven nada, solo un borrachuzo en el sofá que habla como el vendedor de periódicos de la esquina. [...]

La fama + la inmortalidad son juegos que no están hechos para nosotros. es una suerte que no nos reconozcan por la calle, siempre y cuando la máquina de escribir siga creando cuando volvamos a sentarnos frente a ella.

Mi pequeña me quiere y eso me basta.

[A Charles Potts]
26 de enero de 1968

[...] me gusta la ACCIÓN. ya sabes lo mucho que tardan en publicar algunas revistas, agotan la paciencia de cualquiera..., ¿por qué, oh, por qué, cabrones? Supongo que muchos esperan un milagro o una donación que nunca llegará. más vale que se pongan las pilas. por eso escribo una columna semanal para el periódico *Open City*. ACCIÓN

PURA: salta de la máquina de escribir al papel, se lo paso a [John] Bryan y, ZAS, lo PUBLICA ENSEGUIDA; que sea rápido no significa que sea periodismo, el arte bueno y el arte mediocre se crean al mismo tiempo. es decir, no tienen nada que ver con el tiempo. no me explico bien, llego tarde a la carrera de las 5 de la tarde.

En 1967 Bukowski solicitó sin suerte la National Endowment for the Arts, una ayuda económica para artistas.

[A Harold Norse]
20 de abril de 1968

[...] le pedí a Carolyn Kizer que me enviara otra solicitud para probar de nuevo lo de la beca. sé de algunos que han conseguido la beca que no son gran cosa en lo que a talento se refiere. hay quienes la obtuvieron sin tan siquiera solicitarla y algunos la rechazaron. supongo que no están tan locos ni necesitados como yo. al borde del abismo. pues nada, Carolyn no me ha contestado, supongo que la cosa lleva su tiempo, aunque la otra vez fue mucho más rápida. me envió una carta larga de lo más cordial. ¿ha cambiado algo? pasan tantas cosas, abiertamente y a escondidas, de las que no nos enteramos. tal vez esté en la lista negra. estoy preparado para el verdugo. el otro día el FBI estuvo preguntando a mi casero y a los vecinos por mis actividades. me lo dijo el casero. bebo con él y su mujer y me lo cuentan todo. [Douglas] Blazek me dijo hace uno o 2 años que el FBI también le preguntó por mí. ¿sabías que la National Foundation está subvencionada por el gobierno? quizá ese sea el motivo del silencio de Caro-

117

lyn y puede que también te la haya jugado a ti. creo que te conté que un pez gordo me interrogó en una sala larga y oscura con una lámpara al final de una mesa enorme. una situación muy nazi y kafkiana. me dijo que no le gustaba mi columna «Escritos de un viejo indecente». le pregunté: «¿acaso los funcionarios de Correos son los nuevos críticos literarios?» «esto, no, no quise decir eso.» ¡y una mierda! luego me dijo: «si te hubieras limitado a la poesía no habría pasado nada, pero esto...», dio unos golpecitos en el periódico que publicaba mis columnas y se calló, dando a entender lo que seguía. les cabrea lo que escribo, pero la verdad es que casi nunca soy obsceno. no saben cómo atraparme. y seguimos estrechándonos las manos. están a la espera de un desliz mío y entonces irán a por mí sin contemplaciones. mientras, confían en que me vuelva paranoico con todo esto y me asuste a la mínima de turno y no confíe más en mi suerte, lo cual es más que posible. se lo he contado a las pocas personas que conozco para que estén al tanto y, alucina, ya no he vuelto a saber de ellos. me he dado cuenta de que la mayoría de las personas en el fondo son unos mierdas. soy la pelirroja enferma a la que abandonan en una esquina.

[A d. a. levy]
16 de julio de 1968

[...] hoy he recibido los números de *The Buddhist* [*Third Class Junkmail*] *Oracle*. muchas gracias. la revista tiene un aire de lo más curioso. estoy seguro de que has descubierto lo mismo que yo: que el juego de la poesía no está mal del todo, pero hay muchos obstáculos, la mitad de los poemas aceptados nunca se publican y acaban olvidados en manos de inútiles en algún pueblecito de mala muerte... Mientras, revistas como la tuya son sinónimo de ACCIÓN PURA Y DURA y en ellas es un placer SALIR UNA Y OTRA VEZ... ¿quién coño quiere pudrirse vivo esperando? trabajamos a cuatro manos... todo cuenta.

1969

Gerard Dombrowski publicó en 1969 Charles Bukowski. A Critical and Bibliographical Study, *de
Hugh Fox. Se trataba de la primera monografía crítica dedicada a la obra de Bukowski.*

[A Gerard Dombrowski]
3 de enero de 1969

[...] En cuanto al libro de Fox, pues sí, me pasé varias
noches bebiendo con él por si te interesan esa clase de cotilleos, pero no me cae bien. Es profesor universitario y las
clases le tienen bien pillado por los huevos. Lo que más
me molestó es que se pasó las veladas hablando y casi todo
era un reflejo hueco, lastimero y blandengue del rencor y
el maltrato de un profesor de lengua de una universidad
prestigiosa que no sabe dejar de largar... mucho parlotear
y poco follar... me gustaría saber qué habrían pensado los
tipos que viven en habitaciones que cuestan 5 dólares a la
semana o duermen en bancos públicos...
   El principal problema hasta el momento es que ha habido un abismo demasiado grande entre la literatura y la
vida; quienes han creado literatura no han escrito sobre
la vida y los que han vivido la vida han sido excluidos de la
literatura. Por supuesto, ha habido avances en la historia
de la humanidad: Dos[toievski], Céline, las primeras
obras de Hemingway y Camus, los relatos de Turguéniev,
Knut Hamsun y *Hambre,* Kafka, Gorki en su etapa pre-

rrevolucionaria y algunos más..., pero la mayoría ha sido una auténtica bazofia, y desde 1955 la bazofia no ha hecho más que propagarse. Nos hemos tragado a un montón de gilipollas inútiles desde entonces, ahora ya nadie rompe moldes y apenas ha habido avances porque los buenos escritores escriben muy bien pero se parecen demasiado, así que estamos estancados... no hay GIGANTES.

Tal vez no necesitemos GIGANTES. En cierto modo, los gigantes hacen que nos sintamos estafados, pero también me harto del escritor competente y humano. La respuesta está en el cielo espiritual, y no en esos idiotas andando a trompicones por la luna. La primera guerra llegará en cuanto se cometa la primera atrocidad en la luna. Quizá la primera atrocidad fue cuando el pie humano pisó territorio virgen.

A ver, me has preguntado por el libro de Fox. ¿Quieres que sea directo? Lo encontré anodino, predecible, académico y blandengue, como una especie de rana dando saltitos inaudibles. Lo repito, anodino; lo diré tres veces, anodino, anodino, anodino. Pasó por alto el mensaje de los poemas al catalogarlo todo según esto o lo otro, según esta escuela o aquella escuela. A la mierda. Siempre me peleé con los abusones, desde el instituto hasta la universidad, y solían seguirme, se mofaban de mí, me retaban, pero eran varios y yo uno, y sabían que tenía algo especial. Lo odiaban y lo siguen odiando.

Carol Bergé envió varios poemas a la revista Laughing Literary and Man the Humping Guns, *editada por Bukowski y Neeli Cherkovski entre 1969 y 1971.*

[A Carol Bergé]
25 de febrero de 1969

Ah, mierda, Carol, los poemas no son gran cosa. Estoy borracho y llueve desde hace días, y no son gran cosa.

«Edges» es el mejor de todos, aunque algunos versos dejan mucho que desear:

«Apretón de manos suave»

«Huidas indecisas»

«Cuchillo vengador»

¿Pero qué coño, Carol? ¿Pero qué coño es esto?

¿Y no incluyes un sobre para devolver los poemas?

«Edges» sigue siendo el mejor.

Pero el último verso es malísimo. Puro romanticismo francés del siglo XIX. ¿Pero qué coño? Lo sabes de sobra.

Voy a publicar una revista que vale la pena, y eso significa que a veces hay que ser cruel, y ser cruel a veces significa que se tiene la razón.

John Thomas trabó amistad con Bukowski tras aceptar dos de sus poemas para el segundo número de la revista Notes from Underground, *que coeditó en 1966.*

[A Harold Norse]
26 de febrero de 1969

[...] el Honorable Honorable John Thomas, educado y culto, demasiado culto, siempre me dice con solemnidad: «eres muy aburrido cuando te emborrachas, Bukowski.» siempre me llama Bukowski, como si hubiera público y tuviera que identificarme. J. T. tiene miles de ideas y palabras bien organizadas, aunque son plácidas, una especie de metralleta todopoderosa montada en un trípode reluciente que dispara balas valiosas. en cuanto a Pound, Olson y Creeley, es el mismo tostón de siempre, pero he escuchado a Thomas con atención porque tiene un humor negro. a veces cuando estoy borracho le digo que la vida es horrible, las personas, la estructura, la muerte al final de todo, y me contesta: «Bukowski, no has firmado ningún contrato que diga que la vida será hermosa.» y luego se reclina y se lame los labios, se gana la vida con la lengua y los labios y la polla, una mujer muy guapa le mantiene mientras él gandulea con su barba enorme y su trasero enorme y unos vaqueros azules. es admirable y, en cierto sentido, despreciable. le he dicho que eres el mejor poeta vivo y se limita a resoplar (creo que quiere que le diga que el mejor poeta vivo es él) y se levanta y me lee algunos poemas terribles de Creeley u Olson, y me quedo sentado sin decir nada, pero los poemas son tan flojos y matemáticos y automáticos y forzados que finalmente el viejo Barbanegra suspira, se sienta en la silla y me clava la mirada. es bueno que haya un Thomas en tu vida y dejar que te ataque con toda su artillería. soy muy lento razonando y le escucho hablar y al final le digo: «un momento.» y entonces le contesto, no para defenderme sino por hastío. y me suelta: «oh, Ojenius Ormegus ya dijo eso en el año 200 a. C. frente a sus discípulos en un descampado en las afueras de Atenas antes de la guerra Ciclópea.» pero al menos Thomas tiene garra. los profesores de literatura son unos lameculos, son todos iguales, unos capullos altos y delgados sin vida que intentan escribir SOBRE LOS PROBLEMAS DE LA VIDA. dios mío. se tiran 3 meses al año escribiendo noveluchas y luego vienen a despertarme con sus poemas (de tipos duros) y traen cerveza y me miran y quieren saben por qué estoy tan gordo y cansado y flaco y agotado y enfermo y cabreado y aburrido y poco interesado. por otro lado, están los ricachones presuntuosos con una casa en la playa en California y otra en Louisiana que dicen: «cuesta mucho mantener las casas», y luego escriben novelas modernas basadas en tus cartas y no te devuelven las cartas aunque se las pidas por pura necesidad. tenemos suerte de pagar el alquiler. y mientras a duras penas pagamos el alquiler, ¿qué EXPLICA esta panda de gilipollas a los estudiantes de LITERATURA? me pongo enfermo solo de pensarlo... estos doctores que siempre tienen un plato de comida, nunca se han caído al suelo borrachos ni han intentado suicidarse... ¿¿¿qué les explican a los estudiantes??? ¿qué PUEDEN contarles? nada. y así todos quedan BIEN, EN PLAN INTELIGENTES, y esa es la fachada y el olor a rancio de los siglos desperdiciados. [...]

nunca me cansaré de decirte lo bien que escribes, así que vete acostumbrándote. ahora casi todo el mundo escribe tan mal que es un placer decirle a alguien lo bien que lo hace. Dos, el ruso, era un genio. Turguéniev más que Chéjov, aunque los dos eran demasiado efectistas. Hem tenía estilo pero solo le insufló vida en sus primeras obras. eres el único realista certero con un estilo a lo Norse. no me extraña que W. C. Williams te elogiara. escribió 3 o 4 cosas buenas, pero tú eres su sucesor. eres magnífico e inmortal. cada vez que leo algo tuyo, todo lo que escribo luego mejora, me enseñas a saltar por los glaciares y a deshacerme de las putas borrachas. no me explico bien, pero ya me entiendes. maldita sea, Norse, se me acaban de quemar las patatas fritas mientras te ESCRIBÍA. y no he comido en todo el día, llevo DOS días sin comer, y un borracho está golpeando un cubo de la basura en la calle y pronto todos estaremos en la cárcel, pronto seremos... rodajas de remolacha en una lata... oh dios, oh dios, vaya trampa... pero

¿acaso he firmado un CONTRATO? y un «contrato» no es más que...

: su lenguaje.

Picasso no publicó los poemas de Bukowski en su revista literaria.

[A Paloma Picasso]
Finales de 1969

gracias por una carta tan personal. pensaba enviarte algunos poemas de todos modos, pero no quería agobiarte. [Sinclair] Beiles me había hablado de tu proyecto, y los 3 poemas suyos que publiqué en *Laugh Literary* son de lo mejorcito en estilo, arte y forma que he visto en los últimos años. ya conoces a Sinclair, pero tengo mis propios problemas. soy de los pocos que piensan que Burroughs no es un dios sobre la faz de la tierra. creo que sus montajes y collages no son más que las piruetas aburridas de un tipo seguro y confiado. se ha forrado con la empresa adding machine. así es muy fácil, pero mejor no me quejo tanto. lo que pasa es que siempre digo lo que pienso. no pongo trabas a la imaginación. hace ya mucho, en los callejones de Nueva Orleans, cuando vivía a base de chocolatinas baratas, decidí no poner trabas a la imaginación. eso no significa que esté «colgado». o quizá sí. pues bien, mientras tecleo a las 2 de la madrugada entre 2 lámparas rotas junto a una mesa que me regalaron mis difuntos padres en una máquina de escribir regalada, escucho música de piano mediocre en una radio que compré en una tienda de segunda mano, justo después de haber vuelto del trabajo, e intento eliminar los 3 o 4 versos más flojos de los poe-

mas que te enviaré y ya he bebido once cervezas, ja ja ja...,
¿por dónde iba?

oh.

estos poemas los he escrito durante las 2 últimas semanas, y quizá sea imposible escribir muchos poemas buenos
en 2 semanas, aunque lo dudo. creo que si algo es necesario, pues es necesario, eso es cosa nuestra. por desgracia o
por suerte, cada día que pasa, cada año que pasa, me siento mejor escritor, si bien hay periodos de calma en los que
me planteo muy en serio suicidarme y he estado a punto
de hacerlo, sobre todo con resaca. no me extrañaría que la
mayoría se sienta igual... oh, ¡era BRAHMS! joder, no sabía
que hubiese escrito piezas de piano tan malas... en cuanto
a Ezra P., no puedo con los *Cantos;* me duele la cabeza
cuando los leo, no termino de asimilarlos. ¿qué me pasa?
¿no seré un egoísta de mierda? de todos modos, existe
cierto equilibrio. por ejemplo, soy un tipo grande (unos
105 kilos), tengo casi 50 años y apenas me cuido, y en el
trabajo no saben que escribo y se mofan de mí y me río,
no lo entienden, una vez un tipo me llamó chupapollas y
me reí, no me queda otra que reírme de su ira, es hermosa
y poderosa, una obra de Arte... me caen bien y, a la vez,
no los soporto, sobre todo porque siempre vienen a meterse conmigo y el mismo rollo acaba cansando...

me he dado cuenta de que enviar cartas de presenta-
ción con los poemas casi siempre significa que los poemas
no valen nada. pues resulta que vivo junto a un patio de
borrachos, el último patio de indigentes en Hollywood.
hay borrachos día y noche. lesbianas que quieren ser mujeres. mujeres que quieren ser lesbianas. y cosas así. una
joven de 28 años llama a mi puerta y me escribe cartas de
7 páginas cada día. solía bailar con una cobra que medía
dos metros y medio. ¿o era una boa? no estoy tan loco

como parece, disfruto de la tranquilidad, las borracheras, las carreras de caballos, y observo piernas femeninas con prendas de nailon ajustadas mientras agitan los tobillos y contemplo lo que queda de nuestras almas con mis propios ojos...

por supuesto, espero que te gusten algunos de los poemas; devuélveme los que no uses. el rechazo fortalece el alma, la mía ya es un mulo.

1970

La introducción que aparece a continuación se publicó por primera vez en Dronken Mirakels & Andere Offers, *con traducción de Gerard Belart al neerlandés, y ha permanecido inédita en otros idiomas hasta la fecha.*

[A Gerard Belart]
11 de enero de 1970

[...] «Introducción»

Releo estos poemas y lo diré de manera sencilla y en tono melodramático: los escribí a sangre y fuego. Fueron fruto del miedo y la fanfarronería y la locura y de no saber hacer otra cosa. Los escribí mientras las paredes resistían los embates del enemigo. Los escribí mientras las paredes se desmoronaban y entraron y me apresaron y me hicieron ver la sagrada atrocidad de mi respiración. No hay escapatoria; es imposible ganar esta guerra. Cada paso que doy es infernal. Los días me parecen terribles, pero entonces se hace de noche. Se hace de noche y las mujeres guapas se acuestan con otros..., hombres con rostros de rata, rostros de sapo. Contemplo el techo y escucho la lluvia o el sonido del silencio y espero mi muerte. Estos poemas son el fruto de todo eso. O algo así. No me sentiré tan solo si al menos una persona los entiende. Estas páginas son tuyas.

128

[A Marvin Malone]
4 de abril de 1970

[...] espero que *Wormwood Review* dure tanto como tú. He seguido de cerca las revistas literarias desde la década de 1930, así que no puedo hablar de *Blast* ni de los primeros años de *Poetry, A Magazine of Verse*. Pero pondría a *Wormwood* a la altura de *Story, The Outsider, Accent, Decade,* un auténtico torbellino que ha dado pie a una literatura trascendente y viva. si te parezco petulante, que así sea. te has ganado los elogios a pulso.

voy a liarme un cigarrillo. ya. sí, entiendo que no quieras saber nada de los divos, pero quiero que sepas que no voy de divo. habrás oído decir todo tipo de sandeces sobre mí, pero mejor que no hagas caso de los cotilleos. soy un lobo solitario, siempre lo he sido, y el que me hayan publicado algunos madrigales no significa que vaya a cambiar mi forma de ser. nunca me han gustado los de letras, ni ahora ni entonces. bebo con mis caseros; bebo con expresidiarios, locos, fascistas, anarquistas, ladrones, pero me mantengo bien lejos de los escritores. joder, no hacen más que quejarse, cotillear, lloriquear y vivir del cuento. hay excepciones, como Richmond. no se anda con gilipolleces. aunque beba 5 o 10 cervezas con Steve nunca me viene con las mismas cantinelas de siempre del mundillo literario. ojalá lo oyeras riéndose. pero hay otra clase de escritores, muchas otras clases. niños de mamá. comerciales. vendedores. enclenques. chupópteros. aduladores viciosos. [...]

sí, qué coño, me gano la vida con la máquina de escribir y el pincel. no me quejo, he escrito y pintado tal y como me apetecía. eso sí, no sé cuánto duraré de esta manera. todo un detalle que me des 10 dólares por 2 poemas.

pero como me gano la vida así y no quiero abusar, ¿qué tal si lo dejamos en la mitad? ¿qué te parece 5 dólares por 2 poemas? serían 20 dólares cuando publiques los 8 poemas. no solo lo hago por mi hija (aunque la quiero, al fin y al cabo es un dramón), sino que no es nada fácil escribir en la más pura indigencia. así que si lo de los 20 dólares te parece bien, los aceptaré gustoso cuando me los envíes, ¿vale?

[A John Martin]
10 de mayo de 1970

[...] no me parece buena idea lo de incluir un diccionario en la novela [*Cartero*], pero lo haremos si insistes, sigue anotando palabras. de todos modos, creo que la mayoría de los términos son obvios para todo el mundo. pero me alegro tanto de que publiques la novela que, si es necesario, me comprometo con lo del diccionario, aunque para mí sería restarle calidad al proyecto. piénsalo bien.

[A John Martin]
[¿Julio?] 1970

[...] ya he encontrado en *Cartero* la expresión demasiado rebuscada que me inquietaba. si quieres publicarla tal cual, adelante, pero me llamó la atención nada más verla y es posible que estuviera en el manuscrito original. Página 5:

3.ª línea: «y no fue pagado». suena mal. «y no le pagaron» suena mejor. pero como veas. la novela cada vez me gusta más. creo que me salí con la mía, es decir, fotografié la realidad sin sermones. sí, estaría bien que compraran los derechos para rodar una película y así nos forramos. ¿hacemos mitad y mitad? el contrato lo dejo en tus manos. ya te veo en una oficina enorme con personal a tiempo completo. y yo viviendo en una chabola en la colina con 3 chicas a la vez. ¡ah, por soñar que no sea!

Carl Weissner, un joven editor alemán que había publicado varios poemas de Bukowski en la revista Klactoveedsedsteen *en Heidelberg en 1967, acabó convirtiéndose en el traductor y agente literario europeo de Bukowski, gracias a lo cual consiguió que se hiciera sumamente popular en su tierra natal. Bukowski, hombre de pocos amigos, entabló una amistad duradera y única con Weissner.*

[A Carl Weissner]
11 de julio de 1970

[...] en cuanto a *Cartero*, John Martin la retrasa por un motivo u otro; es un buen tipo, pero hace demasiadas cosas a la vez. dice que escribí la novela cuando estaba un poco fuera de mí (justo después de dejar Correos tras once años de esclavitud), y sí, es verdad que estaba hecho un lío. dice que es una buena novela... casi una obra maestra, pero que mezclé los tiempos verbales y dejé los participios colgados, cosas así. dice que tiene que corregir la gramática y que luego lo pasará todo a limpio. no estoy de acuerdo, tiene que dejar la novela tal y como la escribí. John me ha ayudado mucho, pero es bastante carca. nunca lo admitirá, pero todos los escritores que publica, salvo uno, son convencionales, pero es una fuente de ingresos, qué cojones...

lo cual demuestra otra cosa, John quería que redactase una especie de diccionario al principio de la novela para explicar los términos que se usan en Correos. le dije que ni hablar e intenté hacerle cambiar de idea, pero me contestó diciéndome que me sentía mal porque había perdido en el hipódromo. a veces me trata como si fuera idiota. una noche me iban a entrevistar en la radio y me llamó para explicarme lo que tenía que DECIR. «¿quién de los dos es Bukowski, John?», le dije. los escritores tienen que soportar a los editores; siempre ha sido así y es un error.

John dice que quiere retrasar la publicación de *Cartero* hasta que *Los días* [*corren como caballos salvajes por las montañas*] se haya agotado. dice que cuando sale un libro nuevo el anterior deja de venderse, así que toca esperar. «te aseguro que los alemanes no aceptarían *Cartero* tal y como está ahora», me escribe. ¿de qué cojones va? nadie me corrigió la gramática de *Escritos* [*de un viejo indecente*]. según el contrato que firmé, John tiene prioridad para comprar mis tres siguientes libros, así están las cosas. y hasta que no publique el libro no creo que reparta copias mecanografiadas por ahí. por supuesto, si sigo con vida y Meltzer y tú seguís con vida, os enviaré un par de copias mecanografiadas para que podáis negociar con las editoriales alemanas. joder. tendré que revisar su versión corregida y volver a escribir las cosas que yo había escrito desde un buen principio. dice que publicará la novela en otoño o invierno o algo, pero presiento que la cosa va para largo. los libros que ha publicado hasta la fecha son bastante convencionales y en *Cartero* hay mucho folleteo, tacos y algo de locura. creo que es mejor que *Escritos;* escribí capítulos cortos en plan ametralladora para darle ritmo y energía y alejarme de los estilos novelísticos que detesto.

no me malinterpretes, John es un buen tipo, pero creo

que tiene miedo de publicar el libro. es más crudo que literario y es posible que tema arruinar su reputación. pues así estamos, parados sin hacer nada, y me siento impotente. [...]

por cierto, he vendido 3 o 4 capítulos de la novela a las revistas porno, uno de ellos hace bien poco; los otros ya me los han pagado. eso fue antes de que le enviara el manuscrito a Martin, que es como enviar a uno de tus hijos a la tumba, joder. pues nada, copié los relatos al pie de la letra del manuscrito y nadie se quejó de que los participios estuvieran colgados. debería enviarle esta carta a Martin y no a ti, pero me vendría con sus consejos paternales.

–Mierda, eres como mi padre –le dije una vez–. Tal vez deberías figurar como coautor de *Cartero*.

–Oh, no, no lo entiendes. No cambiaré tu estilo ni nada. Quiero que suenes tal y como eres. Pero te aseguro que los alemanes nunca...

–Sí, padre.

–Mira, Bukowski, te he estado llamando, pero nunca estás en casa. ¿Has estado de copas o en el hipódromo?

–Ambas cosas.

ese es el lío de mierda que tengo entre manos, Carl. en la novela hay un pasaje en el que el protagonista está follando y le caen varias macetas en el culo. eso está sacado de mi vida. me pasó con mi mujer en una casa sucia en la montaña llena de moscas y con un perro estúpido. en otro pasaje del libro mi mujer vomita mientras mastica el culo de unos caracoles chinos y le grito: «¡Todo el mundo tiene culo! ¡Hasta los árboles tienen culo, aunque no lo veas!», etcétera, etcétera.

un tipo me llamó por teléfono:

–Leí un relato tuyo en una revista porno. ¿es de la novela?

–Sí.

–Joder, es buenísimo. ¿Cuándo saldrá la novela?

–Hay algunos problemas técnicos.

–Dile que la publique ya, no quiero esperar más.

–Me temo –le digo– que tendrás que hacerlo. [«le dije, ja ja ja» añadido a mano] [...]

vaya, creo que hoy me quejo demasiado. solo soy un tipo de Andernach. alguien me dijo que es una ciudad de lo más carca, supongo que la culpa también es mía. Andernach es un participio colgado, un coño reseco, una mosca en agua helada... Pero nací allí y cuando alguien dice «Andernach» sonrío y asiento. que me cuelguen por eso. y eso es todo.

[A Robert Head y Darlene Fife]
19 de agosto de 1970

Algunos miembros del Movimiento de Liberación de las Mujeres intentan censurar la libertad de expresión, una censura que excede incluso las ambiciones de algunos grupos estatales, gubernamentales y ciudades y condados que buscan poner en práctica los mismos métodos. Se puede escribir un relato de folleteo o sobre una mujer desastrosa sin por ello ser misógino. Las hermanas deberían tener en cuenta que limitar ciertas formas creativas acabará llevando al control y limitación de cualquier forma creativa salvo las que acepten las autoridades de turno. Un escritor debería poder hablar de lo que quiera. Acusaron a Céline de antisemita y le preguntaron por un pasaje que decía algo así: «los pesados pasos del judío...», y él dijo: «no me gusta la gente, y en ese caso era un judío.» A algunos grupos no les gusta que se les mencione. Algunas personas se oponen a que las usen de modelo. Thomas Wolfe no pudo regresar a casa tras escribir su primera novela. Tuvo que esperar a que los críticos le dieran el visto bueno y a haber ganado dinero. Solo entonces los suyos se enorgullecieron de figurar en sus novelas. Es imposible que la creación sobreviva con tantas restricciones. Dile a las hermanas que se relajen. Nos necesitamos los unos a los otros.

[A Harold Norse]
15 de septiembre de 1970

no tengo nada que decir. estoy pillado por los huevos. los relatos me llegan de vuelta con la misma velocidad con que los escribo. se acabó. por supuesto, siguen aceptándome los poemas, pero la poesía no da para pagar el alquiler. estoy deprimido, eso es todo. no tengo nada que decir. desesperanzado. desesperado. finis. Neeli dice que ve ejemplares de *Escritos de un viejo indecente* y del libro de Penguin por todas partes. *Escritos* acaba de traducirse al alemán y recibió una reseña positiva en *Der Spiegel* (con una tirada de un millón de ejemplares), pero da lo mismo, el libro podría haberlo escrito Jack el Destripador y nada cambiaría. no es fácil vivir así. hoy he recibido el primer cheque en 2 meses: 50 dólares de mierda por un relato que escribí para una revista porno sobre un tipo que está en un manicomio, se escapa escalando la pared, sube a un autobús, le toca la teta a una tipa, se baja de un salto, entra en una tienda, coge un paquete de cigarrillos, enciende uno, le dice a todos que es Dios, alarga la mano, le levanta la falda a una niña y le pellizca el trasero. supongo que ese es el futuro que me espera. Hal, estoy depre. no puedo escribir.

Lafayette Young, propietario de una librería, y Bu-
kowski se cartearon a principios de la década de
1970. Bukowski aseguró que ponía mucho de sí en
las cartas a Young y dijo que era «una de las mejo-
res personas» que había conocido.

[A Lafayette Young]
25 de octubre de 1970

[...] tengo que escribir y jugar para alejarme de la máquina de escribir. no es que no quiera a esta vieja máquina cuando funciona bien, pero el truco consiste en saber
cuándo acercarse a ella y cuándo mantenerse bien lejos. no
quiero ser un escritor profesional, escribo lo que me apetece o sería una pérdida de tiempo. no es algo sagrado,
ni mucho menos, es algo tan popular como Popeye el marino. Pero Popeye sabía cuándo actuar. Hemingway también, hasta que empezó a hablar de «disciplina»; Pound
también decía que debíamos «cumplir». vaya gilipollez, pero
he tenido más suerte que los dos porque he trabajado en fábricas y mataderos y he dormido en bancos públicos y sé que
CUMPLIR y DISCIPLINA son palabras obscenas. sé a qué se
referían, pero para mí es un juego muy diferente. es como
una buena mujer: si te la tiras 3 veces al día, 7 días a la semana, normalmente no será gran cosa. todo necesita pau-
tas. por supuesto, recuerdo que con una mujer sí que funcionaba así, pero bebíamos vino, pasábamos hambre y no
teníamos nada que hacer salvo preocuparnos por la muerte, el alquiler y el mundo implacable, así que en ese caso
funcionaba (con Jane). pero ahora soy viejo y feo y casi no
recibo visitas femeninas, así que le doy a la birra y a los caballos. y espero. espero a la muerte. espero junto a la máquina de escribir. es muy fácil ir de listillo e inteligente a

los 20. yo no iba de nada porque era bastante subnormal. ahora soy más fuerte y más débil, y elijo si quiero suicidarme o no. la vida no me ha querido mucho, ha sido un juego bastante cabroncete. nacemos para morir. no somos más que un puñado de bolos, amigo. [...]

Guy Williams intentó convencer al departamento de inglés para que obtuviera fondos para un recital. Auden cobrará 2.000 dólares, otros poetas entre 300 y 500 dólares. pobre Williams. le habrán dado por saco. el departamento de inglés no quiere a Bukowski. tal vez tengan razón. suspendí lengua dos veces en el L.A. City College. bueno, Williams consiguió 100 dólares del departamento de letras para que diese un recital. espero que no le salga el tiro por la culata. creo que ya te comenté que para mí los recitales son un suplicio, pero tuve que empezar a venderme cuando dejé Correos y nadie me pagará el alquiler porque me pasaría el día sin dar golpe, bebiendo cerveza y escuchando a Shostakóvich, Handel, Mahler y Stravinski. el último recital que di fue en California State Long Beach; primero vomité y luego leí los poemas mientras las gotas de sudor caían en la mesa y las limpiaba con los dedos. pero otra parte de mí sabe que me las apañaré. si Auden vale 2 de los grandes tal vez pueda enseñarnos algo. a que nos den, por ejemplo.

William Wantling, poeta y novelista independiente, falleció de un paro cardíaco a los cuarenta y un años. El relato que Bukowski menciona se titula «Cristo con salsa barbacoa», y apareció en un periódico sensacionalista a finales de 1970.

[A William y Ruth Wantling]
30 de octubre de 1970

[...] os envié el relato porque pensé que os daríais cuenta de que los caníbales también son humanos, igual que las arañas son arañas. es decir, necesitamos lo que necesitamos, lo llevamos grabado dentro de nosotros. la moral es el conjunto democrático o fascista de mentes que ven el mismo cuadro, fórmula, código o lo que sea. hay cosas que caen por su propio peso, qué duda cabe. los hombres no se chupan su propia polla, ¿no?

el relato lo saqué de una noticia, me la contó un tipo mientras bebía con él y su mujer. ahora es profe y le dije que no valía nada, que acabarían cortándole las pelotas. por supuesto, a su mujer le gusta y a mí me gusta ella, lo cual confunde todo. no dejo que casi ningún profe cruce la puerta; les digo que tengo la gripe (muchas veces es cierto), les cojo las cervezas, les doy las gracias, me siento a oscuras y espero a que suene Mozart o Bach o Mahler, sobre todo Mahler, y me soplo las birras. ¿por dónde iba? ah, sí, la noticia. el relato sale de ahí. creo que lo que pasó fue que detuvieron a varias personas en una carretera de Texas y una de ellas todavía estaba mordisqueando un trozo de carne de los dedos. estaba bebiendo cuando me lo contaron y me pareció muy divertido. sí, colegas, trabajé en dos mataderos y cuando has visto carne sangrando por todas partes sabes que la carne no es más que carne, no tiene más misterio. a ver, no quiero que me secuestren, asen y coman. soy viejo pero siempre llevo una navaja en el bolsillo izquierdo y, salvo que me pillen borracho o confiado (como César), no me iré sin haber dado guerra. ¿por dónde íbamos? pues eso, que me pareció una noticia de lo más divertida. Caníbales en Texas. creo que muchos mé-

138

dicos, y sobre todo cirujanos, son caníbales, pero no tienen los huevos de admitirlo, así que se limitan a dar cortes aquí y allá. el relato, el relato. estoy bebiendo. pasado de vueltas. la, la, la, la, solo quería explicar por qué había ocurrido de esa manera y que, en realidad, no era un CRIMEN sino una FUNCIÓN con una CAUSA DETERMINADA.

es un relato divertido porque acepta todas las posibilidades humanas sin sentimiento de culpa; el humor reside en que solo nos enseñan las ideas y posibilidades dignas de unas matemáticas deprimentes llamadas Vida.

[A John Martin]
[¿Noviembre?] de 1970

Te adjunto unas columnas que escribí por encargo, no son gran cosa, la verdad. las he enviado a *Candid Press*, a ver qué hacen. no me importa escribir por dinero de vez en cuando. soy demasiado viejo para que acaben con mi creatividad, la llevo dentro como la muerte, nadie podrá arrebatármela. pero ganarse la vida escribiendo es duro y me gustaría ver algún que otro ingreso. es bueno para el espíritu.

No me malinterpretes. cuando digo que ganarse la vida escribiendo es duro no me refiero a que sea una vida de mierda. ganarse la vida con la máquina de escribir es el mayor de los milagros. y tu ayuda me ha levantado la moral, ni te imaginas cuánto. pero escribir, como cualquier otra cosa, requiere disciplina. las horas pasan volando y aunque no esté escribiendo las ideas están cuajando, por eso no me gusta que vengan a verme para beber cerveza y parlotear. me interrumpen, frenan el flujo creativo. tampoco puedo pasarme el día delante de la máquina de escribir, y el hipódromo es un buen lugar para RECUPERAR LA CREATIVIDAD. entiendo a la perfección por qué Hemingway necesitaba ir la plaza de toros, le servía para pasar página y empezar de cero. con los caballos me pasa lo mismo. la plaza de toros está a reventar y tengo que afinar las decisiones, por eso me jode tanto cuando pierdo. primero, no puedo permitírmelo; segundo, me doy cuenta de que la he cagado en las decisiones. es posible ganar en el hipódromo si uno se dedica a ello, pero, al mismo tiempo, se te come todo el tiempo libre, y eso es lo que un escritor necesita. así que actúo teniendo todo eso en cuenta: tengo tiempo libre cuando es necesario y recupero la creatividad y la máquina de escribir echa humo. cuando la máquina de escribir está callada vuelvo a la plaza de toros para poner a prueba mis decisiones. no estoy siendo muy claro que digamos. vaya, vaya.

Curt Johnson, editor independiente que publicó la poesía de Bukowski en la revista literaria December *en 1971, también coeditó* Candid Press, *un periódico sensacionalista pornográfico en el que aparecieron varios relatos de Bukowski a finales de 1970.*

[A Curt Johnson]
3 de diciembre de 1970

Tranquilo, no pasa nada por haber olvidado poner mi nombre al final del relato.

Me alegro de que lo hayáis aceptado. El cheque de 45 dólares me sirvió para reparar mi viejo Comet del 62 y ponerlo en marcha de nuevo para ir a los recitales de mierda que doy medio borracho para ganar algo de pasta. Ahora suena Haydn en la radio. Debo de estar loco. Pues la verdad es que me lo pasé bien escribiendo el relato. Leí una noticia en el periódico que decía que habían detenido a varios caníbales en algún lado (creo que en Texas) y cuando les hicieron parar el coche una chica estaba terminando de comerse la carne de los dedos de una mano... y yo seguí la historia a partir de ahí.

[A Gerard Belart]
4 de diciembre de 1970

[...] La otra noche me pasaron un ejemplar de *De un castillo a otro*, así que no me lo envíes, pero gracias de todos modos. Lo estoy leyendo ahora. No está a la altura de *Viaje al fin*... El ritmo es bueno, pero Céline no se distancia lo suficiente de sí mismo. Le falta el humor que tenía el horror de *Viaje al fin*... la verdad siempre nos hace reír, sobre todo si se cuenta de cierto modo y con cierto estilo, pero supongo que se metieron demasiado con él; acabamos cediendo y viniéndonos abajo y perdiendo ese toque mágico... el Arte en mayúsculas consiste en despotricar desde una jaula dorada. En la novela, Céline se limita a tirarnos manzanas podridas y unos cuantos mocos. De todos modos, si cualquier otro escritor hubiera publicado *De un castillo a otro*, habría dicho: «Pues vaya, no está nada mal.» Pero me pasa lo mismo que con Beiles: lo comparo con lo mejor que ha escrito, no puedo evitarlo. Si un hombre da un salto de 5,5 metros y luego lo intenta de nuevo y solo salta 4 metros, nos parecerá poco.

*Norman Moser, editor y poeta independiente, publi-
có la poesía de Bukowski en la revista* Pulse *en 1971
así como la siguiente carta, que se reproduce íntegra.*

[A Norman Moser]
15 de diciembre de 1970

Bueno, todo hemos pasado por lo nuestro o estaría-
mos muertos. O estamos vivos y muertos... «la vida muerta de este hombre / la vida moribunda de aquel hombre»,
dijo Stephen Spender cuando todavía escribía bien... Joder, he perdido lo que me enviaste, sé que me pedías que
escribiera algo sobre algo, así que te responderé en forma
de carta. Haz lo que quieras con ella. Nos conocemos hace
tiempo, ¿no?, desde aquel día que llevabas el saco de dormir y un manojo de poemas y te dejé diez o veinte dólares, y te dije que me gustaba tal poema y que los otros no
me llegaban, y otro tipo eligió uno de tus peores poemas y
dijo: «Esto sí que es un poema...» No lo entendí, supongo
que bebíamos, y todo giró en torno al poema, y el tipo y
tú discutisteis, y luego te puso de patitas en la calle y recuerdo tus lágrimas... las libretas y los calcetines sucios su-
jetos con una cuerda. Fue triste, joder si lo fue. bajamos
las escaleras juntos y me dijiste: «Bukowski, no tengo dónde quedarme.» Y te dije: «Chico, soy un tipo solitario. No
soporto a nadie, necesito esa soledad... Joder, pasa la
noche en una habitación...», y te di algo de dinero y te es-
fumaste. Bukowski el comprensivo se portó como un cobarde. Te compré, ni más ni menos, para quedarme solo. Te
vi mejor la última vez que coincidimos después del recital
que di en la U[niversidad] de N[uevo] M[éxico], y aunque
estaba borracho me di cuenta de que estabas más seguro
y tranquilo, y hablamos de aquella noche, del dinero que

142

te di, fue extraño y divertido después de tantos años, los dos más viejos, sobre todo yo, y los dos todavía vivitos y coleando.

Retomando las preguntas que me enviaste... por supuesto, estamos en una época monumental, todas las épocas son monumentales porque la vida de cualquier hombre lo es, ya sea 1970, 1370 o 1170... pero ahora hemos subido el listón, no cabe duda. Es bien posible que por primera vez en la historia no nos encontremos ante una guerra entre países sino entre colores: blanco, negro, marrón, amarillo. Las calles rezuman violencia, odio. El problema de la raza blanca es que muchos de ellos se odian entre sí; pasa lo mismo en otras razas, pero no con la misma intensidad. Nos falta la cohesión propia de una Hermandad. Lo único que tenemos es mucho cerebro e inteligencia y la capacidad para luchar en el momento adecuado, la capacidad para ser más listos que el enemigo y derrotarlo. Por mucho que el hombre blanco se odie a sí mismo, tiene un don, pero quizá lo pierda por un motivo u otro... Empiezan a verse los signos de los que hablaba Spengler en *La decadencia de Occidente*... O los blancos demuestran tener más ALMA o toda la inteligencia no será más que una corrida desperdiciada...

No sé si tus preguntas iban por ahí. Me he emborrachado y he estado muy deprimido desde que las recibí. Y siempre lo pierdo todo: trabajos, mujeres, bolis de punta fina, peleas a puñetazos, solicitudes de beca de la National Foundation of the Arts, etcétera... ¿por dónde iba?

Ah, sí, es peligroso que un poeta se haga pasar por profeta, que un poeta/escritor se crea profeta. En Estados Unidos los escritores se tiran años escribiendo antes de ser reconocidos, y eso si tienen suerte. Por desgracia, muchos idiotas se hacen famosos porque su forma de pensar es pa-

143

recida a la del público. Por lo general, un escritor de valía está entre 20 y 200 años adelantado a su generación, por lo que pasa hambre, se suicida o enloquece, y solo salta a la fama si partes de su obra se descubren mucho después en una caja de zapatos o debajo del colchón en una casa de putas.

A ver. Digamos que un buen escritor norteamericano lo consigue... es decir, ya no tiene que preocuparse por el alquiler e incluso se acostará con tías buenas de vez en cuando. La mayoría ha vivido entre 5 y 25 años en el anonimato, y cuando por fin se les reconoce, se les escapa de las manos. ¿Despendolarse? ¡Joder, claro! ¿Salir en la tele? Por supuesto. ¿De qué quieres que hable? Lo que sea. ¿De la historia del mundo? ¿Del sentido de la vida? ¿De ecología? ¿De la explosión demográfica? ¿De la revolución? ¿Qué quieres saber? ¿Ah, ya ha llegado el fotógrafo de *Life?* Sí, déjale pasar.

Es un tipo que llevaba 15 años bebiendo vino barato en una habitación pequeña y que para cagar tenía que ir al baño al final del pasillo. Cuando usaba la máquina de escribir las viejas golpeaban el suelo y el techo con la escoba y le acojonaban...

–¡Silencio, idiota!

De repente, por arte de magia, es famoso... porque han prohibido su obra o porque caminaba por Broadway con la polla fuera del pantalón durante el Desfile de Papá Noel y averiguaron que era poeta... Cualquier cosa servirá. El talento ayuda, pero no siempre es necesario. Una de las mejores frases de la historia no la dijo un filósofo sino un jugador de béisbol que siempre se las veía canutas para mantener su media... Se llamaba Leo Durocher, y dijo: «Prefiero ser afortunado que bueno...» Durocher sabía que diez o doce carreras con rebotes afortunados por el díamante interior supondrían la diferencia entre la primera o la segunda división.

Ahora mismo en Estados Unidos hay unos doce escritores con garra y pasión. Digamos que de esos, dos han saltado a la fama (por suerte) y 8 acabarán en la tumba sin que tan siquiera los publiquen. A los otros 2 los descubrirán tiempo después por pura casualidad.

¿Qué es lo que pasa cuando uno de los doce grandes escritores por fin tiene la suerte de hacerse famoso? Muy fácil: se lo cargan. Ha vivido tanto tiempo en esas habitaciones de mala muerte y ha pasado tanta hambre que cree que se lo merece todo, así que se vende sin pensárselo dos veces para compensar todos esos años en el anonimato...

Querido Sr. Evans:

¿Querría escribir algo sobre el problema de los Negros/Blancos o los Hippies o sobre el futuro del país? Algo en ese sentido. Tenga por seguro que publicaremos lo que nos envíe. Le pagaremos entre 1.000 y 5.000 dólares, dependiendo de la longitud del artículo. Siempre hemos admirado su obra... Por cierto, ¿sabía que una de nuestras editoras adjuntas, Virginia McAnal, se sentó a su lado en las clases de Lengua II en la Universidad de...?

El escritor que ha conservado el estilo, la energía y la verdad en el ámbito del Arte de pronto empieza a ganar dinero. Le ofrecen recitales en las universidades por 5.000 dólares más gastos y un polvo fácil si sigue sobrio después del recital o de la fiesta... Para un hombre que ha vivido en una habitación por 8 dólares a la semana y a quien su casera odiaba, la tentación es innegable. Si bien antes había sido un artista puro que escribía desde el dolor y la locura y la verdad, ahora todo el mundo le escucha parlotear cuando ya no tiene nada que decir. Un nombre. ¡Un nombre! Eso es lo que quieren. Con barba, si es posible. El artista norteamericano siempre ha mordido el anzuelo, con la excepción de Jeffers y Pound. No se me ocurre ningún otro nombre, pero daría igual, no cambiaría nada. ¡Es lo que pasa! Los engañan y embaucan y, aunque no lo sepan, acabarán deshaciéndose de ellos... porque fue su energía y verdad la que sedujo a las masas...

No creo que quisieras una respuesta así, Norm. Soy esclavo de mi propia alma y no me creo excepcional, aunque algo tengo, espero. Ya te avisaré si me contratan para trabajar de redactor en *The New Yorker*. Hasta entonces, a joderse, vaya que sí, espero aquí sentado con toda clase de betún para calzado... se lo pondré al primero que entre por la puerta... tengo todos los colores y tonos... oh, un momento, ese no lo tengo... oh, mierda, ese ya lo tengo...

Suerte con el número dedicado a los gurús, aunque creo que será predecible y pomposo... tantas bocas hablando de todo y de nada. bueno, fue idea tuya al fin y al cabo.

1971

[A Lawrence Ferlinghetti]
8 de enero de 1971

mientras recorres el país con Corso y Ginsberg, dando recitales en las univerciudades y follándote a las editoras jovencitas, y mientras yo estoy hecho un guiñapo y creo arte, pasan cosas... oh, perdón, no quería dar a entender que Ginsberg se tirase a las tías. sé que le va la ecología y eso y... resulta que se puso en contacto conmigo un tipo que se supone que paga unos adelantos de primera por libros de relatos... así que le envié unos cuantos y me dirá algo pronto, aunque supongo que la respuesta será negativa. creo que se asustará al leerlos, pero ya se verá, ¿vale? me gustaría que alguien publicase un libro con mis relatos más recientes, y este tipo se acobardará, por lo que pronto estaré llamando a tu puerta con un puñado de relatos acojonantes y salvajes y bien hijos de puta... hay muchas posibilidades de que nos pongamos DE ACUERDO, joder, yo diría que sí...

[A Steve Richmond]
Marzo de 1971

bien, me alegro de que te gustara *Cartero*. intenté que tuviera ritmo. la mayoría de las novelas me aburren, incluso las más famosas. les falta ritmo. me gustan los ríos que fluyen más rápido. he dicho.

sí, *La metamorfosis* es fascinante. no, no creo que Kafka ahonde mucho en los personajes femeninos, pero se le da bien en cierto modo. por supuesto, Jeffers vivió de todo y supo meterse bien dentro de las mujeres y ver las cosas como las ven ellas, algo de lo que yo soy incapaz y de lo que seguramente nunca seré capaz. D. H. Lawrence, a pesar de su reputación, nunca lo consiguió. tenía una vaca enorme y todo le llegaba a través de la vaca. supongo que le iban más los pechos que las piernas. pues eso, tenía una VACA y todo pasaba por la vaca, todos los significados los matices los mensajes, así que no terminó de plasmarlo bien. una vaca: un mensaje.

[A Lawrence Ferlinghetti]
22 de abril de 1971

Gracias por la postal. Estoy emocionado con el libro, vaya que sí, anoche no podía dormir así que me puse a repasar todo los números de *Open City*, los que salieron después de que se publicara *Escritos de un viejo indecente...* y hojeándolos encontré muchos relatos de primera, Larry. ¡En total TENDREMOS ENTRE 25 y 50 RELATOS ADICIONALES! ¡Los más bestias desde Boccaccio y Swift! Ni te IMAGINAS lo que tienes entre manos, tío. Se te recordará como el mejor editor de la historia. Primero *Aullido*, y ahora esto. Ya verás. [...]

Perdona el entusiasmo, pero va a ser la bomba, será el fin de la luna, me cago en la puta que sí. Mañana daré un recital en Santa Cruz y el fin de semana follaré un poco, pero me aseguraré de que los relatos te lleguen la semana que viene. Te lo pasarás en grande leyéndolos. [...]

¡Sí, es un libro incendiario!

148

Dejaremos atrás las realidades estúpidas y las irrealidades anodinas pisando bien fuerte.

Los peces volarán, las aves nadarán, el lago será una sopa de cebolla y la sangre no morirá nunca.

Bukowski envió a Ferlinghetti las dos citas promocionales que se reproducen en esta carta; Ferlinghetti utilizó la primera en la contracubierta de Erecciones, eyaculaciones, exhibiciones, *mientras que la segunda no se había publicado hasta la fecha.* Bukowskiana, *el libro de poemas y prosa que planearon entre los dos, no llegó a materializarse y acabó convirtiéndose en* Erecciones.

[A Lawrence Ferlinghetti]
30 de diciembre de 1971

Gracias por la carta y el folleto de pedidos... Supongo que *Bukowskiana* va en serio. Sigo estando emocionado. Creo que será mi mejor libro.

Sí, la foto de la cubierta me gusta. En cuanto a la contracubierta, pues no sé. Por cierto, tendría que poner «Rey de los poetas groseros...». Si quieres ponerlo, es cosa tuya. La mayoría de las columnas aparecieron en *Open City* y casi ninguna, o ninguna, en *L.A. Free Press*... No se me ocurre ninguna cita estelar... Estoy harto de la que dice que, según Sartre y Genet, soy el mejor poeta de América. No sé de dónde salió. Dudo que sea cierta, creo que fue algo que Jon Webb exageró y los demás se lo creyeron. Ni idea.

Si quieres poner algo en la contracubierta, ¿qué te parece el siguiente resumen elemental?:

149

Charles Bukowski nació el 16 de agosto de 1920 en Andernach, Alemania. Vino a Estados Unidos a los 2 años. Tiene 18 o 20 libros de prosa y poesía en su haber. Bukowski, tras haber publicado varios relatos en *Story* y *Portfolio*, dejó de escribir durante diez años. Llegó al ala para pobres del hospital general de Los Ángeles desangrándose vivo tras una borrachera de diez años. Se rumorea que no murió. Al salir del hospital se hizo con una máquina de escribir y empezó a escribir de nuevo..., pero poesía esta vez.

Tiempo después retomó la prosa y la columna «Escritos de un viejo indecente», que escribía cada semana para el periódico *Open City*, le granjeó cierta fama. Tras 14 años en Correos, dejó el trabajo a los 50 años para, según dice, no enloquecer. Asegura que ahora no es apto para trabajar y come cintas para la máquina de escribir. Casado una vez, divorciado otra, con muchas relaciones, tiene una hija de 7 años... Estos relatos obscenos e inmorales aparecieron en su mayoría en periódicos underground, sobre todo en *Nola Express*. Otros se publicaron por primera vez en *Evergreen Review*, *Knight*, *Adam*, *Pix* y *Adam Reader*. Con Bukowski, el veredicto está en el aire: no hay punto medio, o se le ama o se le odia. Su vida y sus actividades son tan extrañas y alucinantes como los relatos que escribe. En cierto sentido, Bukowski es una leyenda viva... un loco, un recluso, un amante... tierno, vicioso... nunca igual... estos relatos excepcionales son un reflejo de una vida depravada y violenta... horrible y sagrada... si los lees, nunca volverás a ser el mismo.

Ahí lo tienes, Lawrence... algo así... no lo sé... ¿Qué te parece?

[Segunda cita promocional]
   «Diccionario de locura y dolor»
   Erecciones, eyaculaciones, exhibiciones
   de Charles Bukowski

Ningún otro libro de City Lights ha causado tanto revuelo desde la publicación de *Aullido*, de Ginsberg, como este gigantesco volumen de relatos: 478 páginas. Bukowski es el Dostoievski de los 70. Bukowski no solo escribe cuentos sino que su alma alocada y cariñosa los vive en primera persona. El estilo es crudo, pero es que la risa nace del dolor. La mayoría de los relatos son de amor, pero no de un amor normal y corriente. Son fruto de la sangre y de la agonía del alma, no del intelecto. Bukowski también escribe sobre lo trágico con sentido del humor: las ciudades manchadas de sangre, las paredes solitarias y los amores que fracasaron se ven con un prisma cómico, casi angelical. Puede que haya incluso odio y/o indecencia en algunos de los relatos, pero Bukowski es un jugador nato: nunca busca complacer, ni en persona ni en su obra. Muchos críticos aseguran que Bukowski es uno de los mejores poetas vivos. Este libro de relatos es todo un acontecimiento, una genialidad de un escritor de 51 años que se ha mantenido al margen del mundo de las letras durante años y que sigue siendo un aislacionista y un enigma... Queda en tus manos asistir a este curioso circo, a esta misa negra cuya puerta rezuma alcohol y amor.

1972

*Alta Gerrey, poeta y editora de la imprenta feminista
Shameless Hussy Press, admitió en una carta impresa
el 4 de agosto de 1972 en* Nola Express *que estaba
«escandalizada y dolida» por las «fantasías sobre la
violación» de Bukowski que Fife había publicado en
el periódico underground.*

[A Darlene Fife]
13 de agosto de 1972

Alta está confundida. Hay hombres que violan y hombres que piensan en violar. Escribir al respecto no significa que el autor justifique la violación, aunque se escriba en primera persona. El derecho a la creación es el derecho a mencionar aquello que existe. Conozco a algunas mujeres cuyo mayor deseo es que las violen. La creación es creación. Por ejemplo, solo porque un hombre sea negro no significa que no pueda ser un hijo de puta y solo porque una mujer sea mujer no significa que no pueda ser una cabrona de armas tomar. No censuremos la realidad desde un posicionamiento hipócrita. Además, a juzgar por las citas que Alta hace de mi columna, salta a la vista que se cree tan en posesión de la verdad (casi como un maníaco religioso) que no capta el verdadero trasfondo: que me mofo del modo en que los hombres se comportan con las mujeres. Lo siento si Alta ha sufrido lo suyo en el lecho matrimonial (tal y como dice), pero le recordaré que los hombres también sufren en el lecho matrimonial. A veces son ellos quienes dan el callo. En serio. Diría incluso que Alta es una cerda machista. Los hombres también buscan mujeres que acepten el amor. Los prejuicios están por doquier, pero resulta inútil responder a un ataque como el de Alta porque la incitará a ser más hipócrita. De todos modos, a veces vale la pena responder a personas como Alta. Antes solía decirse: ¿cómo es posible que una persona que ama las mascotas, los niños y los perros sea mala? Ahora se dice: ¿cómo es posible que una persona que se opone a la guerra, la contaminación del aire y el agua, cómo es posible que una persona que lucha por los derechos de la mujer sea mala? O también solía pensarse que si tenías el pelo largo y barba eras buena persona. Pues joder, va ves, todo depende de la postura de cada uno... Me reservo el derecho a crear tal y como la realidad, el humor o incluso el capricho me dicten. Ahí lo dejo.

William Packard editó la revista New York Quarterly *desde 1969 hasta 2002, en la que Bukowski fue un colaborador habitual. Bukowski elogió las directrices editoriales de Packard y llegó incluso a asegurar que era uno de los mejores editores del siglo* XX.

[A William Packard]
13 de octubre de 1972

para escribir poesía hay que hacerlo con soltura. me gusta dedicarle tiempo a la prosa y la bebida y las peleas con mujeres para cambiar de aires. a veces leo las entrevistas sobre el oficio de escribir que salen en la revista y me da la impresión de que esos escritores lo único que hacen es pulir madera. supongo que pasa porque estudian mucho y viven poco. Hemingway vivió lo suyo pero el oficio le atrapó y con el tiempo el oficio se convirtió en una jaula y se lo cargó. creo que es cuestión de abrirse paso a tientas. es como los espejos esos que había en los muelles cuando éramos niños y en los que siempre nos perdíamos. es muy fácil perder el norte y no lo digo desde ninguna posición de superioridad. brindemos por nuestra suerte y esperemos que las mujeres sigan amando nuestras almas arrugadas y muslos marchitos, oh, qué poético, joder.

te adjunto varios poemas más. pronto tendrás bastantes para volar el mundo en pedazos. sí.

David Evanier editó la revista Event, *donde Bukowski publicó sus poemas en varios números a comienzos de la década de 1970.*

[A David Evanier]
Finales de 1972

[...] nunca me ha gustado mucho lo que han escrito los demás. siempre me ha parecido endeble y pretencioso. no seguí escribiendo porque creyese que era bueno sino porque pensaba que los otros eran mediocres, Shakespeare incluido. todo ese formalismo rebuscado es como masticar algo insustancial. no me sentí muy bien a los 16, 17, 18 cuando entré en las bibliotecas y no encontré ningún libro que valiera la pena. fui sala por sala, libro por libro. luego salí a la calle, vi un rostro, edificios, coches, y todo lo que se contaba en los libros no tenía nada que ver con lo que tenía delante de las narices, era una farsa. me sentía impotente. Hegel, Kant... un cabronazo llamado André Gide...

154

nombres, nombres, y propaganda. Keats, vaya impostor de mierda. no había nada de nada. empecé a ver algo interesante en Sherwood Anderson. casi lo consiguió, era torpe y estúpido, pero te dejaba rellenar los espacios vacíos. imperdonable. Faulkner era más falso que Judas. Hemingway se acercó mucho al principio, pero luego comenzó a juguetear con una máquina de escribir que solo servía para tirarse pedos. Céline escribió una obra maestra que me hizo reír durante días y días *(Viaje al fin...)* y luego empezó a rezongar como un ama de casa gruñona. Saroyan, al igual que Hem, sabía lo importantes que eran las raíces y las palabras claras, sencillas y naturales, pero a pesar de todo mintió: dijo HERMOSO, HERMOSO, y no era HERMOSO. quería que me hablase de los miedos, las preocupaciones, la locura; a la mierda el postureo, no me interesaba. bebí y follé, enloquecí en muchos bares, destrocé ventanas, me dieron de hostias, viví. no sabía nada. sigo currándomelo. todavía no lo he conseguido. es probable que nunca lo consiga del todo. me encanta mi ignorancia. me encanta la ignorancia de mi tripa amarillenta y embadurnada de mantequilla. me lamo el alma con mi lengua en forma de máquina de escribir. no quiero arte solo. primero quiero entretenimiento. quiero olvidar. quiero un zumbido, un griterío entre las arañas de luces ebrias de vino. quiero. a ver, si podemos meter arte una vez que nos hayamos interesado, perfecto. pero no nos pongamos serios, tra la la.

[A Steve Richmond]
24 de diciembre de 1972

[...] tienes derecho a criticarme y mucho de lo que dices es cierto, pero hay algo que acabarás aprendiendo y es que la creación no es una fotografía ni tampoco necesariamente una verdad aceptada. la creación tiene su propia verdad o mentira y solo el paso del tiempo dirá qué es qué. lo que la gente no entiende es que aunque parezca que se escribe sobre ellos en realidad no es sobre ellos, sino una parte de ellos, un instante, una parte de algo sobre lo que debe hablarse. he leído poemas que parecían que eran sobre mí porque me llamaban Gilipollowski y otras cosas, pero me reí porque sabía que solo era una parte de la verdad.

creo que a veces nos tomamos las cosas demasiado en serio y limitamos la realidad.

algún día darás con tu editor, y cuanto más tarde en llegar, mejor para ti. mientras, no pienses que te he atacado. si tengo que decir algo sobre ti o sobre cualquier otra persona, te lo diré a la cara.

tienes derecho a sentirte deprimido a veces, no te culpo. pero a mí no me fue fácil y sigue sin serlo. siempre digo lo mismo: cumplamos nuestro cometido. tienes talento y eres honesto, no quiero ser tu enemigo, así que no me obligues a serlo.

1973

Michael Andre publicó la poesía de Bukowski en varios números de la revista Unmuzzled Ox. *Bukowski criticó a Creeley en un poema titulado «sobre Creeley», publicado en una revista literaria en 1971.*

[A Michael Andre]
6 de marzo de 1973

[...] ya no odio a Creeley. ha trabajado duro un estilo que no termino de comprender, pero se ha dejado la piel en ello. se llevará muchos palos. seguramente se ha llevado tantos que se muestra combativo por naturaleza. o nos defendemos o los gusanos babosos se saldrán con la suya. no quise ser un gusano baboso en contra de Creeley. fui muy rastrero. le ataqué sin haber estudiado bien su obra. lo hice de manera instintiva, como suelo hacer con los grandes escritores o los más famosos. caí bajo, tendría que habérmelo pensado dos veces. pero soy un tipo lento, M. si muero a los 80 en realidad tendré unos 14 años. ¿se entiende lo que trato de decirte? genial.

[A Robert Head y Darlene Fife]
23 de mayo de 1973

Os adjunto más columnas. Llamarlas «Escritos de un ser humano» sería demasiado afectado. «Escritos de un viejo indecente» me da más libertad para decir lo que me dé la gana. Diría que en la historia de la humanidad los tipos que se creían humanos han hecho más daño que los otros. Es decir, evitemos ponernos demasiado serios y, con un poco de suerte, nos saldrá algo serio. El esfuerzo y la dedicación no servirían.

Además, el bien y el mal, lo correcto y lo incorrecto cambian constantemente; es cuestión de clima más que de leyes (morales). Prefiero los climas. Eso es lo que muchos revolucionarios no ven en mi obra: soy más revolucionario que ellos, pero les han inculcado demasiadas cosas. El primer proceso del aprendizaje o la creación consiste en desaprender lo que nos han inculcado, y es mucho más fácil conseguirlo siendo un viejo indecente que un ser humano, ¿no? perfecto, ¿cómo estáis?

[A Darlene Fife]
[¿Junio?] de 1973

Sí, estoy al tanto del problema que supone trabajar para el gobierno o aceptar una ayuda del gobierno... del problema de seguir con vida...

no soy un verdadero revolucionario, me limito a escribir palabras. pero cambiar un gobierno por otro no me parece un gran avance. hay que empezar por el individuo. habría que cambiar el individuo que tenemos ahora por otro, y si nos es imposible entonces habría que remendar el que tenemos. no tengo respuestas al respecto. más palabras, tal vez. palabras, palabras, palabras, palabras. crear la corriente.

hay algo que se nos da mal a todos: la relación hombre-mujer es donde he visto más mala fe y faltas y contradicciones. la gente no se quiere de verdad, y si el hombre y la mujer no saben llevarse bien, ¿cómo van a hacerlo con un gobierno?

ah, bueno, los pájaros siguen cantando...

William Henderson, fundador de la Pushcart Press y editor adjunto en Doubleday, no llegó a publicar el libro de poemas de Bukowski.

[A William Henderson]
2 de julio de 1973

Por supuesto, me complace saber que estás interesado en publicar una recopilación de mis poemas. Sin embargo, mi contrato con Black Sparrow Press estipula que ellos serán quienes publiquen mis 3 libros siguientes. Y John Martin me ha publicado libro tras libro y ha sido más que justo y generoso conmigo. De hecho, acaba de editar un libro con mis poemas más recientes que saldrá en otoño y que se titulará *Arder en el agua, ahogarse en el fuego*.

Que Doubleday publicase mis poemas sería todo un honor y John me ha dicho que nunca se interpondría si se me presentase una buena oportunidad como esta. Le creo. Es un buen tipo.

Lo idóneo sería publicar una antología con mis mejores poemas. Podemos llamarla *Poesías escogidas* pero quizá piense en otro título. Si te envío un manuscrito tienes todo el derecho del mundo a rechazarlo. Conozco a un par de escritores que malinterpretaron los entresijos del mundo editorial y se sintieron anulados y utilizados cuando las cosas no salieron bien. No soy así. Haz lo que consideres oportuno.

Nunca he publicado una antología de este tipo así que me gustaría enviarte mis mejores poemas. Podría ser una bomba, aunque, claro, también podría ser un bostezo inacabable. El editor eres tú.

Sin embargo, Martin está de vacaciones y no volverá hasta el 10 de julio. Tendré que pedirle mi libertad cuando vuelva. ¿Has leído mi novela *Cartero?* ah, ¿no te interesa? vale, lo entiendo.

Vivo en casa de una mujer joven y a veces tenemos problemas..., dice que el amor es así y le digo que el amor es una fuente de problemas; pues bueno, al final de la carta verás mi dirección actual y otra por si el amor hace que me esfume de aquí. Me alegra saber de ti. Sí, sí.

Rochelle Owens, poeta y dramaturga, se carteó con Bukowski a comienzos de la década de 1970 para hablar sobre los poemas que ambos habían publicado en Unmuzzled Ox.

[A Rochelle Owens]
8 de septiembre de 1973

Leí el poema que escribiste sobre mí y otras cosas en [*Unmuzzled*] *Ox* y está muy bien, sí, hace años que me cansé de la poesía pero seguí escribiendo porque los otros poetas eran mediocres («cabelleras lilas recortadas contra el perfil de la luna» y mierda efectista por el estilo), y aunque no pienso mucho en ello, los poetas todavía son mediocres, así que sigo dándolo todo, las palabras deberían rasgar el papel, crear sonidos, ser claras y valientes y divertidas y alocadas.

oh, ya me estoy poniendo serio, pero ya sabes a qué me refiero.

ahora me limito a holgazanear todo el día, holgazaneo mientras la maquinaria de la vida sigue en marcha ahí fuera y conozco bien esa maquinaria, pero ahora tengo paredes a mi alrededor y espero que la suerte me siga sonriendo y no tenga que volver a ser parte de la maquinaria. creo que me he ganado los galones. creo que me he ganado las piernas, los ojos y la cinta de la máquina de escribir. déjame disfrutarlo todo.

saldré a comer una hamburguesa y fumar 3 o 4 cigarrillos. alguien está dando martillazos en la escalera. hay gilipollas en todas partes. fíjate bien la próxima vez que salgas.

tus poemas tienen garra.

sí, sí.

Varios lectores de Nola Express, *incluido el poeta Clayton Eshleman, pidieron a Darlene Fife y Robert Head que dejaran de publicar los relatos de Bukowski en su periódico.*

[A Darlene Fife]
8 de noviembre de 1973

[...] Hay quienes opinan que la revolución solo debería pasar en las calles, no en el mundo del arte. Cualquier paso adelante en el mundo artístico siempre se ha topado, salvo contadas excepciones, con muestras de burla y hostilidad y odio. Explorar la sexualidad o cualquier otro ámbito y plasmarlo en forma de poema, relato o novela no significa necesariamente que justifique los actos de los personajes. O, por el contrario, tal vez signifique que sí que justifico los actos de los personajes. Son cosas que desconozco cuando escribo. Más que pensar, siento. Suelo equivocarme, escribo mucha basura y gran parte de mi obra es puro juego, pero me permite cierta soltura para ir a mi aire. No me las doy de nada, y eso que ya he dicho demasiado, pero si los lectores de *Nola* no me quieren en el periódico, me esfumaré. No iré al psiquiatra a contarle mis pesadillas, iré al hipódromo el miércoles por la noche, beberé cerveza barata y apostaré al caballo número seis, ah, lalala lala lalala lalalala la.

1975

Bill Griffith publicó un relato de Bukowski ilustrado por Robert Crumb en 1975 en Arcade, the Comics Revue.

[A Bill Griffith]
9 de junio de 1975

Siento haber tardado tanto en responder pero estaba en medio de una separación y estoy hecho mierda. Estoy tratando de recomponerme y prepararme para la siguiente batalla. Mientras, no he escrito ni he hecho casi nada, así que tengo poca cosa. El problema es que casi nunca me rechazan nada. Joder, qué rollo. Martin tiene un archivador lleno de material mío y tal vez pueda pasarte algo. Creo que tiene de todo, novelas inacabadas, divagaciones escritas en el manicomio y la celda para borrachos, etcétera.

Crumb es el dibujante de tiras cómicas por excelencia. Sus dibujos y personajes tienen tanta fuerza que resplandecen en la página. Lo conocí cuando vivía en casa de Liza Williams, y pocas veces he visto a alguien tan natural y espontáneo. Sería un honor indescriptible, un colocón mágico, que ilustrara algunos de mis personajes más majaras. Espero que el proyecto salga adelante. Lamento encontrarme así de mal. De todos modos, he sobrevivido a otras mujeres que han intentado crucificarme y estoy seguro de que también saldré de esta.

1978

[A John Martin]
29 de agosto de 1978

Acabo de leer las cartas que escribiste a las revistas *Wormwood* [*Review*] y *N*[*ew*] *Y*[*ork*] *Q*[*uarterly*] y a mí. Creo que has hecho una montaña de un grano de arena. También tengo la impresión de que cuando me escribes a veces piensas que soy medio idiota.

Aclaremos algunas ideas a medida que salen en tu carta: «Los libros que publicamos en Estados Unidos son los más importantes, son los que suponen la mayor parte de tus ingresos.»

A ver, me pagas 500 dólares al mes, es decir, 6.500 dólares anuales. De esa cantidad tengo que restar los gastos de manutención de mi hija, que no son deducibles en la renta. Aunque soy el principal escritor de tu editorial diría que apenas supero el umbral de la pobreza y reúno los requisitos para que me den cupones para alimentos, y así ha sido durante años. Por supuesto, sabes que antes vivía con mucho menos. Nunca me he quejado porque estoy tan loco que lo único que me interesa es darle a la máquina de escribir. Pero me parece una tomadura de pelo que me digas que tanto a Sparrow como a mí nos va bien. Las cosas nunca han ido bien para mí, y solo me refiero a las económicas.

«Si no publicara los libros aquí en primer lugar no habría traducciones al alemán y al francés», lo cual me recuerda algo que mi padre me dijo cuando me negué a alistarme para ir la Segunda Guerra Mundial: «Pero, hijo mío, de no haber sido por la guerra no habría conocido a tu madre y no habrías nacido.» No me pareció un argumento muy convincente para ir a la guerra. Lo que dices no es del todo cierto. Algunos de mis escritos se han traducido y han aparecido en otras lenguas sin que Black Sparrow los haya publicado previamente. ¿Quién sabe? ¿Y si alguien sugiriese que se tradujese uno de mis libros? Por eso es importante salir en las revistas literarias. Creo que el principal motivo por el que mi obra se ha traducido es que, hasta el momento, ha atrapado a los lectores.

Marvin Malone lleva años publicando números especiales de la revista dedicados a un escritor. Ha publicado varios míos en el pasado y nunca te había molestado.

Y la referencia a ponerle una «correa» a Malone... ¡por favor! Me pides que no envíe «mucho material, como haces con Malone». John, todos los escritores envían lo que escriben a las revistas, sobre todo en el caso de la poesía, las novelas a veces y los relatos y los artículos, siempre. Es un proceso muy normal, no tiene nada de estúpido o delictivo. Envío muchos poemas a *Wormwood* y al *NYQ* porque son las dos mejores revistas de poesía actuales. Escribo 5, 6, 7, no, diría que 10 veces más poesía que la media. Si dividiera los poemas en pequeños grupos de 4 o 5 y los enviara a todas las revistas de mierda que hay en el país no tendría tiempo para escribir porque me pasaría el día preparando los sobres. Me parece que te estás volviendo más posesivo y cauteloso de la cuenta. Ni que hubiera tantos espías en el bosque. Tienes miles de poemas a tu disposición y la máquina de escribir no para de escupir poema tras poema.

En la carta a Malone le pides diez libritos para vendérselos a tus clientes. No creo que le guste mucho. No dejas pasar ni una. Es como los 75 (más bien 150) dibujos que hago para cada libro nuevo. Eso me lleva un mes durante el cual no hago nada más creativo. Vendes 75 libros (ilustrados y firmados) por un total de 2.625 dólares; si restas esa cantidad a mi salario de 6.500 dólares, solo te quedan por pagarme 3.875 dólares. Un poco más y te salgo gratis. Y una vez me dijiste por teléfono: «Piénsalo bien, ganas 35 dólares por cada dibujo.» Esa fue la primera vez que pensé que me tratabas como a un idiota.

«Deja que sea yo quien publique los libros.»

Y es lo que haces, John, pero muchas veces te comportas como una jovencita celosa.

Recuerdo el libro de cartas entre Bukowski y Richmond que estuvimos a punto de publicar. Esa vez perdiste los papeles, y Richmond no se quedó corto.

En cuanto a lo de que «el secreto consiste en ser lo bastante grandes como para que los libros se distribuyan y lean y, a la vez, seguir siendo lo bastante pequeños como para que la Agencia Tributaria no venga a husmear todas las declaraciones desde 1971».

John, si lo hicieran no tengo nada de lo que preocuparme. Recuerdo que una vez fui a la oficina de Los Ángeles para firmar algunos ejemplares y nada más entrar me dijiste: «He aquí al gran escritor.» Pues vale. Traje cerveza para el expedidor. Nos pusimos a hablar y el expedidor te vino con alguna impertinencia, y te volviste y me dijiste: «Vaya con el expedidor, gana 90 dólares semanales y se cree muy listo.» Me pareció genial porque entonces me pagabas 250 o 300 dólares semanales, no estoy seguro. Y ni siquiera era un expedidor famoso.

Te he sido fiel. He recibido ofertas de editoriales importantes de Nueva York y de la competencia, pero te he sido fiel. Muchas personas me han dicho lo muy estúpido que era pero me ha dado igual. Tomo mis propias decisiones. Me ayudaste cuando nadie más creyó en mí; conseguiste dinero con la venta de mis archivos a la universidad, me regalaste una buena máquina de escribir. Nadie llamaba a mi puerta. Soy leal, supongo que es por mi sangre alemana. Pero te pido que me dejes escribir tranquilo; lo único que quiero es escribir y beber vino y hacer cosas triviales. Este tipo de cartas me desgastan. Déjame escribir y enviarlo todo a las revistas, tal y como hacen los otros escritores. No hagas de madraza. Este año he tenido suerte y me han salido muchos poemas buenos. Me alegra que sigan llegando y revoloteando por todas partes. *Mujeres* es de lo mejorcito que he escrito. Levantará ampollas, que es lo que siempre pasa con las buenas obras de arte originales. Perfecto. Y en Europa tendrá más éxito que los otros libros. Pero quiero seguir, quiero escribir y hacer lo que se me da bien. Ojalá que no me tratases como a un retrasado. Me entero de todo. Por eso soy capaz de escribir sobre lo que pasa a mi alrededor.

Haces lo mismo que los demás. La gente tiende a guiarme, a tirarme de la mano. De vez en cuando tengo que darles un buen pellizco. Mi viejo gato negro, Butch, lo hace a veces. Cada vez lo entiendo más. Espero que tú me entiendas a mí. Me falta mucho para los 80, si es que llego, así que mejor poner las cartas sobre la mesa y dejarnos de gilipolleces. Quiero ir a tu funeral para derramar una lagrimita y poner un ramo de flores. ¿De acuerdo?

1979

[A Carl Weissner]
15 de enero de 1979

Espero que no hayas empezado a traducir *Mujeres*. John Martin y yo estamos repasándola..., me parece que ha introducido demasiados cambios en la novela. Te adjunto algunas páginas para que te hagas una idea. Fotocopiaré el manuscrito original y te lo enviaré. John asegura que le envié más de 100 páginas con cambios. Cuando me las devuelva, también te las mandaré. Creo que ha cambiado demasiado mi estilo. Es una falta de respeto. No me importan los cambios gramaticales menores ni que se corrijan los tiempos verbales, pero si te cargas frase tras frase al final mi estilo se ve afectado. Escribo a trompicones y sin miramientos, y así es como me gusta, no quiero que mi estilo se vuelva plano. También ha eliminado muchos pasajes de la novela. Cuando recibas el manuscrito completo podrás escoger qué entra y qué se queda fuera. Tal y como está la novela ahora, hay mucho menos margen de maniobra.

John dice que es inocente; vendrá a verme y repasaremos la novela juntos. Me dijo que a veces la mecanógrafa se aburre y añade cosas. Pues la mecanógrafa debe de haberse aburrido desde el principio hasta el final.

El material que te adjunto contiene cambios menores que no estaban en el manuscrito original. Espero que no hayas comenzado la traducción. Le pregunté a John: «¿Le habrías hecho lo mismo a William Faulkner?» Está claro que no se lo habría hecho a un profesor universitario ni a Creeley, no les habría cambiado ni una coma. Como vengo de la clase obrera y he sido medio vagabundo debe de pensar que no me entero de nada. Pero debería saber que mi instinto es de fiar. ¿Te imaginas que retocase un Van Gogh? Joder...

Linda Lee y yo os saludamos a los tres con cariño, a ti, a Mikey y a Waltraut.

p.d.: Me gustaría saber qué piensan los italianos y los franchutes. Tendré que enviarles copias del manuscrito original y de las 100 páginas con los cambios. Es una buena novela pero creo que habría sido mucho mejor sin los añadidos mediocres y si no hubieran eliminado ningún pasaje. Los lectores futuros no tendrán a su alcance una novela brillante sino una versión edulcorada y manoseada...

John Fante, novelista y guionista estadounidense de origen italiano, fue una de las principales influencias de Bukowski. Black Sparrow Press volvió a publicar Pregúntale al polvo *en 1980 con un sentido prólogo de Bukowski en el que recordaba la primera vez que había leído la novela.*

[A John Fante]
31 de enero de 1979

Gracias por la excelente carta. Recibir una carta tuya me produce un sentimiento de lo más extraño. Han pasado décadas desde que leyera por primera vez *Pregúntale al polvo*. Martin me envió fotocopias de la novela, he comenzado a leerla de nuevo y es tan buena como la recordaba. Es mi novela favorita junto *Crimen y castigo*, de Dos, y *Viaje...*, de Céline. Perdona que no te contestara antes pero ando metido en muchas cosas: un guión, la corrección de un guión ajeno, un relato, y también bebo, apuesto a los caballos y me peleo con mi novia y voy a ver a mi hija, y luego me siento mal y luego bien, y todo lo demás. Perdí tu carta, y mira que estaba orgulloso de ella, y anoche la encontré, había estado usando el sobre para anotar sugerencias para la corrección del guión (una adaptación de mi primera novela, *Cartero*). Aquí llueve y te escribo a toda prisa porque quiero ir al banco para cobrar un cheque para ir al hipódromo mañana.

Tus libros me ayudaron, me hicieron creer que es posible escribir y dejar que las emociones salgan a flote. Nadie lo ha hecho tan bien como tú. Voy a leer el libro poco a poco para saborearlo, y espero escribir un prólogo que esté a la altura. [H. L.] Mencken tenía buen ojo, entre otras cosas, y creo que ya era hora de que un talento como el tuyo reapareciese, y aunque Black Sparrow no es una editorial neoyorquina tiene prestigio y empuje y es posible que sus libros perduren más y que no solo los lea el gran público, que se traga todo lo que le eche Nueva York.

Me alegra saber de ti, Fante, sin duda alguna eres el número uno. En cuanto acabe el libro, escribiré el prólogo y te lo enviaré para ver qué te parece. Mis mejores deseos para tu mujer e hijo. Hoy llueve y mañana la pista estará embarrada pero pensaré en ti y la suerte que tengo de poder contar al mundo por qué *Pregúntale al polvo* es tan buena. Gracias, sí, sí, sí...

[A Carl Weissner]
6 de febrero de 1979

[...] en cuanto a *Mujeres*, las 100 páginas con las correcciones se han perdido. Algunas de las correcciones llegaron a realizarse... por ejemplo, al final de todo puse que el gato era negro y de ojos amarillos... Bueno, es un desastre absoluto y supongo que John Martin perdió un poco la noción de las cosas. Es bastante vergonzoso que cambiara mi estilo por el suyo. Todos enloquecemos de vez en cuando. Se supone que la 2.ª impresión será la buena. Cuando la gente compare las 2 ediciones nunca terminarán de entender qué ha pasado. Pensarán que chocheaba y que otra persona hizo los cambios por mí. Es una putada porque me da igual que me critiquen por lo que escribo, pero que me dejen en evidencia por culpa de otro no me da tan igual. A partir de ahora tendré que vigilar a John más de cerca. Dudo mucho que vuelva a joderme de esta manera. A veces los métodos y decisiones de Martin me hastían. Ojalá fueses mi editor, pero gracias a los dioses al menos eres mi traductor, agente y amigo. (Sí, John me dijo lo de «a veces la mecanógrafa se aburre y añade cosas». Me gustaría saber si a Faulkner y J. Joyce les pasó algo parecido.) [...]

Estoy metido de lleno en el guión [*Barfly*] con Barbet [Schroeder], llevamos unas 30 páginas; me sorprende que quiera una trama y que los personajes evolucionen. Joder, mis personajes casi nunca evolucionan, están demasiado jodidos. Ni siquiera saben escribir a máquina. A veces me gusta dejarlos tranquilos y no tengo nada que decir sobre ellos, apenas son unas pinceladas irregulares. No me importa que me expliquen cómo se hace una película, pero cuando tiran de los hilos de mis marionetas se olvidan de bailar, se olvidan de todo. vaya, vaya.

[A John Fante]
2 de diciembre de 1979

Me gustó oír el final de tu novela por teléfono; como siempre, material de primera. Me levantó la moral saber que sigues escribiendo igual de bien que siempre. Fuiste mi principal fuente de energía y después de tantos años vuelves a serlo.

Estoy atravesando un periodo de sequía, cosa rara en mí. No digo que todo lo que he escrito sea excepcional, sino que nunca he dejado de hacerlo, salvo últimamente. Bueno, la otra noche escribí varios poemas, pero no es lo mismo. Le he hablado mal a Linda e incluso le di una patada al gato. Detesto comportarme como un divo, pero si no escribo me pongo enfermo, dejo de reír y de escuchar música clásica en la radio y cuando me miro en el espejo veo a un hombre mezquino, de ojos pequeños y rostro amarillento... Demacrado, inútil, como un higo seco. Cuando se deja de escribir, ¿qué nos queda? La rutina. Movimientos mecánicos. Pensamientos huecos. No soporto la monotonía.

Escuchar a Joyce leyendo el final de la novela, escuchar la llama de la pasión y el valor de Fante me ha sacado del letargo. La botella de vino está abierta y la radio encendida y voy a poner papel en la máquina de escribir y, gracias a ti, las palabras llegarán de nuevo. Llegarán gracias a Céline y Dos y Hamsun, pero sobre todo gracias a ti. No sé de dónde has sacado el talento, pero los dioses te dieron de sobra. Para mí has sido, y eres, más importante que cualquier otro hombre vivo o muerto. Tenía que decírtelo. Ahora vuelvo a sonreír un poco. Gracias, Arturo [Bandini].

1980

[A John Martin]
[¿Junio?] de 1980

[...] Henry Miller. No sentí gran cosa cuando murió porque se veía venir. Me gustó que se pusiera a pintar casi al final, y lo que he visto es bueno, cálido, colorido. Pocos han vivido como él. En los libros hizo lo que nadie entonces: abrir como si tal cosa la nuez dura y negra. Me costaba leerle por los parloteos sexuales y las meditaciones en plan *Star Trek,* pero cuando llegabas a las partes buenas, eran buenas de verdad, solo que la mayoría de las veces desistía. Lawrence era diferente, fue sólido de principio a fin, pero Miller era más moderno, menos artificial y pretencioso, hasta que le dio por esos parloteos a lo *Star Trek.* Uno de los problemas de Miller (y no es culpa suya) es que cuando se vendió al mejor postor (al comienzo) hizo creer a otros que ese era el camino, y ahora hay batallones de escritorzuelos llamando a todas las puertas y vendiéndose y asegurando que son genios «por descubrir» y que el que no los hayan descubierto les confirma que son genios porque «el mundo todavía no está preparado para ellos».

Para la mayoría de ellos el mundo nunca estará preparado; no saben escribir, no tienen el don de la palabra ni estilo. Al menos los que he conocido o leído. Espero que haya genios de verdad. Los necesitamos. Vivimos un periodo improductivo. Cuando vienen a verme con sus guitarras, he comprobado que los que gritan más son los que tienen menos talento, los más groseros y seguros de sí mismos. Han dormido en mi sofá, han vomitado en mis alfombras, se han acabado mi bebida y me han repetido una y otra vez lo geniales que son. No edito canciones, poemas, novelas ni relatos. El campo de batalla tiene una dirección bien clara; suplicar a los amigos o las novias o a otros es masturbarse para nada. Sí, estoy bebiendo mucho vino esta noche y supongo que estoy harto de las visitas. Sálvame de los escritores, te lo ruego; las conversaciones de las putas de la calle Alvarado eran mucho más interesantes y originales. [...]

Henry Miller. Un alma pura. Le gustaba tanto Céline como a mí. Tal y como le dije a Neeli Cherry: «el secreto está en la palabra», y me refería a escribir un palabra tras otra. Palabras sobre fábricas o sobre un zapato tirado junto a una lata de cerveza en una habitación de hotel. Todo está aquí, retrocede y regresa. No nos vencerán, ni siquiera las tumbas. La broma es nuestra; vivimos con estilo; no saben qué hacer con nosotros.

Mike Gold editó la revista Smoke Signals, *donde publicó la prosa, poesía y correspondencia de Bukowski en varios números en la década de 1980. John Bennett, editor de* Vagabond, *quiso editar un número con material ya rechazado, pero nunca llegó a publicarlo.*

[A Mike Gold]
4 de noviembre de 1980

Conozco a otro editor que planeó publicar un número con material rechazado y lo que pensaban los autores al respecto. No le envié nada y le dije que ya habían hecho bien en rechazar lo que me hubieran rechazado.

El número no se publicó. Supongo que cuando el editor recibió el material rechazado y las quejas de los escritores vio que tenía ante sí una auténtica casa de los horrores.

Por supuesto, se publica material mediocre tanto en las revistas independientes como en las de más tirada y en los libros. Los editores mediocres seguirán editando y los escritores mediocres seguirán escribiendo. Mucho de lo que se publica es producto de la política, la amistad y la estupidez. Lo poco bueno que se publica es por pura casualidad o una rareza matemática, como cuando un buen escritor se topa con un buen editor.

De poco sirve alentar a los escritores mediocres a seguir escribiendo a pesar de que los rechacen: lo harán de todos modos. El 15 % del material publicado en las revistas independientes es pasable; en el caso de las revistas prestigiosas, tal vez un 20 %.

En el mundillo de las pequeñas revistas pasan cosas muy tristes. Conocí a un escritor que enviaba material bastante decente a esas revistas. Lo publicaron aquí y allá. Los editores independientes sacaron 2 o 3 libritos con una tirada de unos 200 ejemplares. El escritor tenía un trabajo horrible, llegaba a casa destrozado, hecho polvo, y se ponía a escribir. Publicó un par de libritos más, salió en muchas revistas independientes (cada vez que abría una revista veía su nombre). Decidió que sería escritor, se mudó a la Costa Oeste con su mujer e hijos, la mujer consiguió un trabajo y él comenzó a darle a la máquina de escribir. Los estantes estaban llenos de pequeñas revistas y libritos y daba recitales para 9 o 11 personas y después pasaba el sombrero. Su poesía perdió fuerza, pero los estantes seguían llenándose. Por supuesto, eso no bastaba para pagar la factura de la luz, pero como era un genio su mujer era quien se encargaba de las facturas y del alquiler. Espero que haya vuelto a trabajar. Tal vez ha llegado el momento de que su mujer empiece a usar la máquina de escribir. Conozco bien este caso, pero seguro que hay muchos otros similares.

La realidad es confusa. Recuerdo que a los veintipocos apenas comía una chocolatina al día para tener tiempo para escribir; escribía 5 o 6 relatos a la semana y me los devolvían todos. Sin embargo, cuando leía el *New Yorker*, *Harper's* o *Atlantic Monthly*, no veía más que literatura del siglo XIX, esmerada y artificiosa, demasiado elaborada, aburrida a más no poder, nombres, impostores, plomazos que me embotaban el cerebro. Me creía un escritor de primera, pero no había modo de saberlo, mi ortografía y gramática dejaban mucho que desear (eso no ha cambiado), pero sabía que había algo que se me daba mejor que a ellos: pasaba hambre que daba gusto.

Que no te acepten no significa que seas un genio. Tal vez eres un escritor pésimo. Conozco a quienes se publican sus propios libros y dan 2 o 3 nombres de grandes escritores del pasado que hicieron lo mismo. ¡Ay! También dicen que algunos no se hicieron famosos en vida (Van Gogh, etc.) y que, por supuesto, eso significa que... ¡Ay!

Las revistas prestigiosas suelen enviar una nota de rechazo impresa impersonal, pero algunos editores de las pequeñas revistas se creen dioses. Recuerdo que uno de ellos me escribió: «¿Qué cojones es toda esta mierda?» Eran unos garabatos sin firmar en un trozo de papel. No es tan raro que te digan cosas parecidas. ¿Cómo sé yo que no me lo ha escrito un jovencito de 17 años con acné, adicto a Yeats, en el mimeógrafo que su padre guarda en el garaje? Fácil: basta leer la revista. Pero ¿a quién le apetece? Si escribes 30 poemas al mes no tienes tiempo de leer nada. Si tienes tiempo y dinero, bebes.

Los escritores famosos son como los presidentes: las masas les votan porque se ven reflejados en ellos.

Todo es muy confuso, Mike, no sé qué decirte. Me estoy preparando para salir y apostar a los caballos.

1981

[A Carl Weissner]
23 de febrero de 1981

[...] Retomaré los relatos en cuanto acabé *La senda* [*del perdedor*]. *La senda* me ha costado más que las otras novelas porque he tenido que ser mucho más cuidadoso. La infancia y la adolescencia han sido dolorosas para la mayoría y suelen exagerarse. He leído pocos libros sobre esa época de la vida que no fueran cursis. Busco una especie de equilibrio: tal vez el horror de la impotencia pueda dar pie a una risa de fondo, aunque salga de la garganta del diablo. [...]

Estoy leyendo las cartas de Hemingway. Vaya bodrio, al menos las primeras. Es todo un político. Se reúne y juega con los mandamases. Bueno, quizá fuera lo mejor entonces. No había tantos escritores ni revistas ni libros ni nada en esa época. Ahora hay cientos de miles de escritores y miles de revistas literarias y cientos de editores y críticos, pero sobre todo cientos de miles de escritores. Digamos que llamas a un fontanero. Vendrá con la llave de tubo en una mano, el desatascador en la otra y un librito con sus madrigales escogidos en uno de los bolsillos del pantalón. Si miras a un canguro en el zoo, te sacará un fajo de poemas del marsupio escritos a un solo espacio en folios impermeables.

La obra de teatro de la siguiente carta, titulada Bukowski, We Love You, *se estrenó en Roma en 1981. Marco Ferreri dirigió en 1981* Storie di ordinaria follia [Ordinaria locura], *producida por Galiano.*

[A John Martin]
24 de febrero de 1981

Seguramente Silvia Bizio te ha escrito para pedirte que cedas los derechos de la mitad de mis libros para usarlos en una maldita obra de teatro. No quieren pagar nada y aseguran que son una pequeña compañía sin ánimo de lucro, pero lo cierto es que piensan representar la obra durante dos años en varias ciudades. Espero que no les dejes usar los libros, pero si ya lo has hecho... Además, no son nada claros al respecto porque también quieren usar muchos de los relatos que ha publicado City Lights.

Bizio no ha dejado de incordiarme para que ceda esos derechos. Me entrevistó en casa y también me grabó en vídeo largando sobre esto y lo otro, pero le he cogido antipatía a ella y sus métodos. Está claro que representa a estos ladrones y le he dicho que no quiero saber nada sobre esta movida.

–¡Pero llevan dos años preparando la obra!

–¡Te aman!

–Te pagarán el billete para que vayas a ver la obra.

Y le dije:

–Y una mierda. ¿Por qué no me pidieron permiso antes de empezar a ensayar?

No me gustan los italianos, son rateros, su forma de hacer las cosas me pone enfermo. ¿Cómo es posible que se apropien de mi obra y la representen sin pedir permiso?

[Sergio] Galiano quiere hacer una película basada en los mismos relatos. Si pagase, ¿se saldrían con la suya?

Galiano supone otro problema. Tenía que haber pagado 44.000 dólares, pero solo ha enviado 4.000 y asegura que hizo una transferencia con el resto hace un mes. Otra mentira. Y ahora mismo está en Georgia con Ben Gazzara, rodando la película. Los italianos... Hitler tampoco confiaba en ellos y ahora sé por qué: son rastreros, te mienten y te embaucan.

Estoy seguro de que a otros escritores les ha pasado lo mismo. Un escritor es una presa fácil, alguien que solo sabe teclear en un trozo de papel, alguien que solo piensa en la siguiente palabra y no quiere saber nada de aquello que lo distraiga. Lo cual es cierto, pero eso no quiere decir que le guste que le den por culo.

Los muy cabrones saben lo caro que es ir a juicio y que acabarían huyendo a alguna aldea italiana y nos mandarían a la mierda.

Ah, bueno, John, te adjunto un par de poemas.

1982

[A John Martin]
3 de enero de 1982

Bueno, ya han acabado todas las festividades de mierda, y a medida que la gente vuelva a la rutina nosotros podremos dedicarnos a lo nuestro.

Escribir nunca ha sido sinónimo de trabajar para mí, e incluso cuando escribo cosas mediocres, me gusta la acción, el sonido de la máquina de escribir, el estilo. Y cuando escribo cosas mediocres y me las devuelven, las miro y no me importa mucho porque es una buena oportunidad para mejorarlas. La cuestión es no dejarlo, darle al asunto, y acaba saliendo bien: los errores y la buena suerte van de la mano hasta que todo suena mejor. No es que sea importante o no. Solo hay que seguir dándole a la tecla. Por supuesto, es de agradecer que lleguen cosas buenas mientras tecleamos, y eso no pasa cada día. A veces hay que esperar un par de días. Y los grandes escritores de la historia tampoco es que lo hayan hecho tan bien, y aunque los hayamos imitado y no habríamos empezado de no haber sido por ellos, no les debemos nada. Así que a darle a la tecla...

Espero que los dos sigamos adelante unos años más. Ha sido un viaje mágico; tú te has ocupado de lo tuyo y yo de lo mío y apenas hemos tenido problemas. Creo que somos de la vieja escuela, cuando las cosas se hacían de cierta manera, y seguimos haciéndolas de esa manera, lo que significa que mezclamos lo mejor de lo moderno con lo mejor del pasado..., las décadas de 1930 y 1940 y quizá un atisbo de la de 1920. Lo que falta en los tiempos modernos es un estilo inconfundible, una actitud clara, un método para enfrentarse al dolor y al éxito. Se nos da bastante bien, John. Sigamos adelante. Ahora toca el asalto número once y creo que el cabrón que está sentado en la otra banqueta comienza a cansarse.

Peter Schjeldahl reseñó Dangling in the Tournefortia *en* The New York Times Book Review *en enero de 1982.*

[A Carl Weissner]
13 de febrero de 1982

[...] El crítico del *N. Y. Times* es un buen tipo, es culto, sabe de lo que habla y eso. No creo que nunca haya pasado hambre ni se haya roto una pierna ni una puta le haya meado ni haya dormido en un banco público. No es que esas cosas sean necesarias, pero pasan, y cuando te pasan tiendes a pensar de otra manera. *Dangling* me gusta. Creo que después de tantos años cada vez afino mejor las PALABRAS sin perder ese toque de locura. Mi libro preferido es *La senda del perdedor*. Martin asegura que es lo mejor que he escrito: «Tiene las mismas agallas y pelotas que los maestros rusos del siglo XIX.» Eso no estaría nada mal. Siempre me gustaron esos rusos. Eran capaces de sufrir la mayor de las agonías sin dejar de reírse a mandíbula batiente.

Jack Stevenson, poeta y editor independiente, publicó varios poemas y cartas de Bukowski en sus revistas literarias.

[A Jack Stevenson]
Marzo de 1982

[...] Casi todos comienzan igual. Me refiero a los Poetas. Empiezan bastante bien. Están aislados y se abalanzan sobre las palabras porque están ofuscados, son inocentes. Al principio tienen algo. Luego empiezan a darse a conocer. Dan recital tras recital, conocen a otros por el estilo. Hablan y hablan. Se sienten inteligentes. Opinan sobre el gobierno, el alma, la homosexualidad, la jardinería ecológica, etcétera... Saben de todo menos de fontanería y deberían aprender porque llenan las tuberías de mierda. Verlos evolucionar es de lo más desalentador. Viajes a la India, ejercicios respiratorios..., mejoran la capacidad pulmonar para así darle más a la lengua. Al poco son profesores, se plantan frente a otras personas y les dicen cómo hay que hacerlo, no solo cómo escribir sino cómo hacer todo. Caen en todas las trampas imaginables. Pierden la originalidad y se transforman en la cosa o cosas contra las que luchaban en un principio. Y recitan que da gusto: les encanta el público, las coeditoras, los jovencitos, ese hatajo de idiotas que asiste a los recitales poéticos..., personajillos vacuos que tienen tallarines chinos (pasados) por cerebro y culos de gelatina. Les encanta leer, vaya que sí, les encanta que les presten atención. «Ahora», dicen, «leeré los 3 últimos poemas de la velada.» ¿Y a quién cojones le importa? Y, por supuesto, esos 3 poemas son los más largos. No generalizo: son todos iguales. Hay pequeñas diferencias: algunos son blancos, otros homosexuales. Otros, negros homosexuales. Pero aburren a un muerto. Y yo soy nazi, joder. No lo olvides.

Para mí un escritor es alguien que se limita a escribir, que se sienta frente a la máquina de escribir y teclea. Eso es todo. No hace falta enseñar a los demás a escribir, ni asistir a seminarios ni leer a las masas. ¿Por qué son tan extrovertidos? Si quisiera ser actor, probaría en Hollywood. De la cincuentena de escritores que he conocido, solo dos me han parecido mínimamente humanos. A uno lo he visto 3 o 4 veces..., está ciego, con las piernas amputadas, tiene 72 años y sigue escribiendo, bueno, se lo dicta todo a su esposa desde el lecho de muerte. El otro es un tipo loco y original que vive en Mannheim, Alemania.

La última persona con la que querría beber o hablar es un escritor. Los vendedores de periódicos callejeros, los conserjes y los chicos que sirven tacos toda la noche tienen más alma y arrojo. Escribir atrae a lo peor de lo peor, no a lo mejor, y las imprentas de todo el mundo imprimen sin parar literatura barata de escritorzuelos, y críticos de tres al cuarto dicen que es literatura, poesía, prosa. Es desolador, salvo por algún que otro destello de genialidad que casi nunca dura.

Mientras abro la 2.ª botella de vino y releo la carta me doy cuenta de que si alguien la leyera podría decir que a Bukowski le caen mal los Negros y los Homosexuales. No tengo problema en añadir a las mujeres, los mexicanos, las lesbianas y los judíos.

Que quede claro que la Humanidad me desagrada, sobre todo los escritores. No solo vivimos en la era de la bomba de hidrógeno, sino también en la del Miedo, el Miedo Inmenso.

Los blanquitos tampoco me caen bien, y soy blanquito.

¿Qué me gusta? Me gusta empezar esta 2.ª botella de

vino. Olvidar el día de hoy. Perdí diez dólares en el hipódromo. Vaya desperdicio. Es como pajearse sobre un montón de tortitas grasientas.

Siempre he admirado a los chinos. Supongo que porque la mayoría están bien lejos.

El relato «The Hog» permanece inédito.

[A Carl Weissner]
29 de mayo de 1982

Me costó mucho empezar *La senda del perdedor*. Después de escribir la primera palabra, todo fue más fácil. Creo que tenía la distancia necesaria. Me lo pensé un mes o así antes de comenzar. Al fin y al cabo, ¿a quién le apetece leer novelas sobre la infancia? Suelen ser las peores.

Para mí era esencial resaltar el sentido del ridículo y el humor.

Mis padres eran algo raros. Ah, sí. No lo puse en el libro, pero una vez volví a casa después de haber estado vagabundeando por el país (apenas pesaba 62 kilos) y me cobraron alojamiento y comida. Tal vez lo conté en *Factótum*. No lo recuerdo.

Estoy escribiendo poemas de nuevo, aunque *Hustler* me pidió un relato y me senté y escribí una tonadilla titulada «The Hog». Me gustó la respuesta negativa que me enviaron: «... el tema es demasiado fuerte para la revista. En concreto, no podemos publicar una dosis tan bestia de zoofilia ni tampoco un final tan violento».

Se la mandé a la edición alemana de *Playboy*. Les debería hacer cagar un *wiener schnitzel* crudo, pero supongo que me la devolverán.

1983

Loss Pequeño Glazier publicó la poesía de Bukowski en tres números de la revista Oro Madre *en la década de 1980; también editó un número especial titulado* All's Normal Here: A Charles Bukowski Primer *en 1985 que incluía poemas y cartas de Bukowski así como artículos de Marvin Malone, Charles Potts, William Packard y otros editores independientes que habían defendido la obra de Bukowski con anterioridad.*

[A Loss Pequeño Glazier]
16 de febrero de 1983

No sé muy bien cuál es el funcionamiento de las cosas. Es decir, ahora no escribo mucho mejor que hace décadas, cuando pasaba hambre en habitaciones minúsculas o en bancos públicos o en pensiones de mala muerte ni cuando estuvieron a punto de acabar conmigo en las fábricas y en Correos. Es cuestión de resistencia: he vivido más que muchos de los editores que me rechazaron y también que algunas mujeres que conocí. Si algo ha cambiado es que ahora disfruto más cuando escribo. Pero las cosas pasan muy rápido: un día eres un vagabundo borracho peleando con mujeres locas y drogadas en un apartamento de clase baja y de repente estás en Europa y entras en un auditorio en el que hay 2.000 personas esperando como posesas a que recites. Y tienes 60 años...

Voy camino de los 63 y ya no tengo que dar recitales para pagar el alquiler y la bebida. Si hubiera querido ser actor lo habría sido. El postureo no es lo mío. Me llegan muchas ofertas. El año pasado un buen tipo me dijo: «... los escritores que de momento han aceptado son John Updike, Czeslaw Milosz, Stephen Spender, Edmund White, Jonathan Miller, Dick Cavett y Wendell Berry. Ya ves que estarás bien acompañado.»

Le dije que no, y eso que los «honorarios» eran de lo más generosos.

¿Por qué organizan cosas así?

Lo que trato de decir es que tener dinero me permite vivir en San Pedro, una población tranquila con gente normal, enrollada, buena y anodina donde cuesta lo suyo dar con un escritor o un pintor o un actor. Vivo con 3 gatos y bebo casi todas las noches y escribo hasta las 2 o las 3 de la madrugada. Al día siguiente voy al hipódromo. Es todo cuanto necesito. Los problemas siempre acaban llegando. Sigo teniendo buenos y malos momentos con las mujeres. Pero estoy satisfecho. Me alegro de no ser Norman Mailer ni Capote ni Vidal ni Ginsberg leyendo con The Clash, y me alegro de no ser The Clash.

Vamos, que cuando la suerte te sonríe no puedes dejar que te consuma. Hacerse famoso a los veintitantos no es algo que se supere con facilidad. Si te haces un poco famoso después de los 60 es más fácil asimilarlo. El viejo Ez Pound solía decir: «Cumple», y sé exactamente a qué se refería, aunque para mí escribir es como beber, no es un trabajo. Por supuesto, ahora estoy bebiendo, así que si me hago un lío, bueno, ese es mi estilo.

No sé qué decirte. Fíjate en algunos poetas. Empiezan muy bien. Escriben con garra, energía, arrojo. Los primeros dos libros son buenos y luego se desvanecen. De pronto están enseñando CREACIÓN LITERARIA en la universidad. Creen que saben ESCRIBIR y quieren enseñar a los demás a hacerlo. Se han aceptado a sí mismos, ese es el error. Me parece increíble. Es como si un tipo viniera y me dijera cómo tengo que follar porque cree que folla de maravilla.

Los buenos escritores no van por ahí diciendo y pensando: «Soy un escritor.» Viven porque no les queda otra. Todo se acumula: los horrores y lo que no son horrores y las conversaciones, y los pinchazos y las pesadillas, los gritos, las risas y las muertes y los vacíos absolutos y todo eso, esas cosas van sumando y entonces ven la máquina de escribir y se sientan delante y les sale sin planear nada; si tienen suerte, ocurre de forma natural.

No existe regla alguna. Ya no leo a nadie. Soy un lobo solitario, pero en momentos de sequía copio un poco a los demás. Me gustan los partidos de fútbol o las carreras de caballos o los combates de boxeo en los que los participantes tienen las mismas posibilidades. Esos emparejamientos suelen realzar el milagro de la valentía y me siento bien viendo cosas así, me da energía.

Beber ayuda a crear, aunque no lo recomiendo. La mayoría de los borrachos que he conocido son un plomazo. Aunque, claro, la mayoría de las personas sobrias también lo son.

En cuanto a las drogas, sí, las he probado, pero las dejé. La hierba acaba con la motivación y siempre te hace llegar tarde. Entiendo las drogas duras, salvo la coca, que no te lleva a ninguna parte y ni siquiera te enteras. Cuando digo que las «entiendo» me refiero a que entiendo a quienes las usan: es un viaje rápido e intenso, y fuera, se acabó, como una especie de suicidio entretenido. Pero soy un borrachín, duras más, escribes más..., conoces a más mujeres, das con tus huesos en más cárceles...

Respecto a las otras cosas: sí, recibo correo de admiradores, no mucho, 7 u 8 cartas semanales, me alegro de no ser Burt Reynolds, y aunque no tengo tiempo de responder a todas las cartas a veces lo hago, sobre todo si vienen de un manicomio o de una cárcel o, como una vez, de la madama de un prostíbulo. Me gusta pensar que esas personas han leído mis libros. Me siento bien durante unos instantes. Recibo muchas cartas que más o menos dicen lo mismo: «Si tú lo has logrado quizá hay esperanza para mí.» Es decir, saben que las he pasado canutas pero que sigo dando el callo. No me importa que me lo digan siempre y cuando no llamen a la puerta, entren y me larguen sus problemas bebiendo cerveza. No he venido al mundo a salvar a nadie, sino mi triste culo. Y beber mientras tecleo es parte de la inspiración, ¿vale?

No estoy tan solo. He tenido algún que otro apoyo: F. Dos, Turguéniev, parte de Céline, parte de Hamsun, la mayor parte de John Fante, gran parte de Sherwood Anderson, los primeros libros de Hemingway, todo lo que escribió Carson McCullers, los poemas más largos de Jeffers; Nietzsche y Schopenhauer; el estilo de Saroyan sin el contenido; Mozart, Mahler, Bach, Wagner, Eric Coates; Mondrian; e. e. cummings y las putas del este de Hollywood; Jack Nicholson; Jackie Gleason; Charlie Chaplin, al principio; Manfred von Richthofen, el Barón Rojo; Leslie Howard; Bette Davis; Max Schmeling; Hitler... D. H. Lawrence, A. Huxley y el viejo camarero con la cara roja en Filadelfia... Y una actriz cuyo nombre ya no recuerdo que para mí fue la mujer más bella de nuestros tiempos. Bebió hasta morir...

A veces me pongo romántico, claro. Una vez conocí a una chica que estaba bastante bien. Había sido la amante de Ezra Pound. Aparece en algunas estrofas de los *Cantos*.

Pues nada, una vez fue a ver a Jeffers. Llamó a la puerta. Tal vez quería ser la única mujer del mundo que se había tirado a Pound y a Jeffers. Bien, Jeffers no abrió la puerta, sino una señora mayor. Una tía, un ama de llaves, alguien, no se identificó. «Quiero ver al maestro», le dijo la chica guapa a la señora. «Un momento», dijo la señora. Volvió al cabo de un buen rato y dijo: «Jeffers dice que ha construido su propia casa y que vayas a construir la tuya...» Esa anécdota me gustaba porque en esa época tenía muchos problemas con las mujeres guapas. Pero ahora que lo pienso a lo mejor la señora no llegó a hablar con Jeffers, se quedó esperando por ahí y luego volvió y le largó esa contestación a la tía buena. Bueno, yo tampoco me la tiré ni he construido mi propia casa, aunque a veces, cuando no hay nada más, ahí está.

Lo que trato de decir es que nadie es famoso ni bueno para siempre, eso es agua pasada. Tal vez te hagas famoso una vez muerto, pero lo que de veras importa es que mientras vivas tu magia destaque por encima de la confusión de la vida, y tiene que ser hoy o mañana, lo que ya has hecho no vale una puta mierda. No es una norma, sino un hecho. También es un hecho que me llegan preguntas por correo que no sé contestar. Si supiera contestarlas estaría dando un taller de ESCRITURA CREATIVA.

Cada vez estoy más borracho, pero en lugar de escribir un poema mediocre te mandaré esta carta. Recuerdo leer los artículos de crítica literaria que salían en *Kenyon* [*Review*] y *Sewanee Review* cuando dormía en bancos públicos, me gustaba el uso que hacían del lenguaje, aunque sabía que era falso, pero todas las palabras son falsas al fin y al cabo, ¿no, Camarero? ¿Qué podemos hacer? Poca cosa. Tener suerte, quizá. Necesitamos el ritmo y cierto sentido del entretenimiento antes de que nos encuentren tiesos en una esquina, sin vida. Me entristece mucho que seamos tan limitados. Pero tienes razón, ¿con qué vamos a compararnos? No serviría de nada. Bebamos y bebamos..., intentemos abrirnos paso por entre toda esta mierda con un pequeño tenedor de hojalata...

A. D. Winans, poeta y editor independiente, publicó un gran número de poemas de Bukowski en la revista Second Coming *en las décadas de 1970 y 1980, convirtiéndose así en su principal colaborador.*

[A A. D. Winans]
23 de febrero de 1983

[...] Hace unos años me invitaron a dar clases en Naropa, no en la [Jack] Kerouac [School of Disembodied Poetics], sino para algo de 2 semanas... Primero se puso en contacto conmigo una poeta [Anne Waldman] y le dije que no y luego me escribió Ginsberg y le dije que dar sermones no es lo mío. El único consejo que podría dar sobre la creación es NO LO HAGAS. Hay demasiados escritores...

Los *beats* nunca me cayeron bien, les encantaba publicitarse y las drogas los atontaban o volvían gilipollas. Soy de la vieja escuela, creo que hay que currárselo en solitario; las masas te roban la originalidad y las ideas... Los escritores solo saben hablar de sí mismos. Quizá lo que pasa es que prefiero abrirme paso solo. Me siento mejor cuando estoy solo.

[A Jack Stevenson]
5 de marzo de 1983

[...] Tienes razón con Kafka... Es muy bueno. Me gustaba leerlo cuando me sentía suicida, me calmaba, sus libros abrían un agujero negro y te metías de cabeza, te mostraba algunos trucos curiosos, te sacaba de las calles. En ese sentido, también tuve suerte con D. H. Lawrence: cuando estaba hecho una mierda me metía de lleno en sus escritos sinuosos y retorcidos y era como si el mundo desapareciera. Hemingway siempre hacía que te sintieses engañado y embaucado. Sherwood Anderson era un cabrón de lo más raro y me gustaba perderme en sus desvaríos somnolientos y extraños. Pues eso...

El poema con la palabra mal escrita se titula «waiting for christmas», publicado en la revista Blow *en 1983.*

[A John Martin]
3 de octubre de 1983

```
10-3-83

Hello John:

    enclosed new poems....

    Also, mimeo poetry booklet with some of my poems and a nice review of
HAM ON RYE.  The thing is, in case I mailed you these poems, see first
page in mag.  4th word first line should read "trugs".  There isn't such
a word as "turgs".  For the record.

    I hope HOT WATER MUSIC arrives soon.  I get the idea that printer's and
binders tend to  set their own pace.  Probably akin  to  trying to  get a roofer
to come by and fix a leaky  roof.

        all right,
            your boy,
```

P.S.— I WILL BE JUMPING BETWEEN THE
NOVEL, THE SHORT STORY AND THE POEM,
AND I DON'T KNOW WHY MORE DON'T
DO THIS. IT'S LIKE HAVING 3
WOMEN — WHEN ONE GOES SOUR
YOU TRY ONE OF THE OTHERS. HI, BABY!

HE GOT A HAREM!

te adjunto varios poemas nuevos...

También un librito con algunos poemas míos y una buena reseña de *La senda del perdedor*. Fíjate en la primera página de la revista (por si ya te había enviado estos poemas). La cuarta palabra del primer verso debería ser «canastillos». Que yo sepa, «canatillos» no existe. Para que conste.

Espero que *Música de cañerías* salga pronto. Los impresores y los encuadernadores se lo toman con calma. Es como pedirle a un techador que venga a arreglarte el techo cuando hay goteras.

P.D.: Iré alternando entre la novela, el relato y los poemas, y no sé por qué los escritores no hacen esto más a menudo. Es como tener 3 mujeres: cuando una se enfada, pruebas con las otras.

1984

[A William Packard]
19 de mayo de 1984

Bueno, ya que preguntas... porque hablar de poesía, o la ausencia de la misma, no me pone mucho que digamos. Vaya mierda de comienzo, pero apenas he sorbido el vino. El viejo F. N[ietzsche] lo dijo mejor que nadie cuando le preguntaron sobre los poetas: «Los poetas mienten demasiado.» Ese era uno de sus errores, y si queremos saber qué le pasa a la poesía moderna tendremos que echar un vistazo al pasado. Cuando los niños no quieren leer poesía en el patio de recreo, incluso se ríen de ella y creen que es cosa de mariquitas, no se equivocan por completo. Por supuesto, los matices cambian con el tiempo y eso dificulta la asimilación de las obras del pasado, pero eso no es lo único que echa para atrás a los niños. La poesía era falsa, no importaba. Fíjate en Shakespeare: aburre a un muerto. Tenía destellos de genialidad aquí y allá, pero luego se esforzaba demasiado en plasmar la siguiente idea. Los poetas que nos enseñaron eran inmortales, pero no eran interesantes ni arriesgaban. Nos deshicimos de ellos de un escupitajo y nos dedicamos a lo nuestro: darnos de hostias después del colegio. Todo el mundo sabe que es mucho más fácil lavar el cerebro de los jóvenes, después las cosas se complican, joder que sí. Los que acaban siendo patriotas o creyentes religiosos lo saben de sobra. La poesía nunca ha sido gran cosa y sigue sin serlo. Sí, sí, lo sé, Li Po y algunos poetas chinos de la antigüedad destilaban infinidad de emociones y verdades en unos cuantos versos sencillos. Siempre hay excepciones, solo faltaría, la raza humana no es tan idiota como para no haber dado algunos pasos. Pero en general la poesía es tan hueca que resulta pasmoso, como si alguien nos hubiera hecho una jugarreta o algo peor que eso, y las bibliotecas son una farsa.

Los modernos imitan a los antiguos y repiten los mismos errores. Hay quienes aseguran que la poesía no es para la gran mayoría sino para una minoría selecta. Lo mismo pasa con los gobiernos de casi todos los países. Lo mismo pasa con las riquezas y las señoritas con clase. Lo mismo pasa con los retretes de diseño especial.

La mejor manera de estudiar la poesía es leerla y olvidarla. Que un poema no se entienda no es ninguna virtud. Muchos poetas tienen vidas convencionales y su temática es limitada. Prefiero hablar con un basurero, un fontanero o un cocinero que con un poeta. Saben más de los problemas y las alegrías de la vida cotidiana.

La poesía puede ser entretenida y de una claridad asombrosa, no sé por qué tiene que ser justo lo contrario, pero es lo que pasa. La poesía es como estar en una habitación con el aire viciado y las ventanas cerradas, y casi nadie intenta que entre aire o luz. Es posible que el mundo de la poesía atraiga a lo peor de lo peor. Es muy fácil llamarse «poeta». Una vez asumida esa idea, no hay mucho que hacer. La mayoría de la gente no lee poesía porque es mediocre y da pena. ¿No será que los mejores creadores se han dedicado a la música, la prosa, la pintura o la escultura? Al menos en esos campos siempre hay alguien que de vez en cuando rompe con la monotonía.

Me mantengo bien lejos de los poetas. Cuando vivía en tugurios no era tan fácil; se pasaban el día chismorreando y bebiéndose mi cerveza. Algunos de los poetas eran bastante conocidos, pero era increíble lo mucho que envidiaban y se quejaban de cualquier poeta que tuviera suerte. Se suponía que tenían que escribir palabras sabias, con garra y arrojo, pero no eran más que unos gilipollas de tres al cuarto, ni siquiera sabían beber, les caía baba por la comisura de los labios, se manchaban las camisas, se mareaban con un par de bebidas, vomitaban y despotricaban. Se metían con todo el mundo y estoy seguro de que también lo hacían conmigo cuando no estaba delante. No me sentía amenazado. Lo peor era cuando se marchaban: dejaban sus malas vibraciones debajo de la alfombra, en las persianas y por todas partes, y a veces tardaba uno o dos días en sentirme bien de nuevo. Sin ir más lejos:

—Es un chupapollas judío italiano y su mujer está en el manicomio.

—X es tan rácano que cuando conduce en bajada apaga el motor y va en punto muerto.

—Y se bajó los pantalones y me suplicó que se la metiera por el culo y me pidió que no se lo contara a nadie.

—Si fuera un homosexual negro sería famoso. Así no tengo futuro.

—Hagamos una revista. ¿Tienes dinero?

Por no hablar del circuito de los recitales poéticos. Si das recitales para pagar el alquiler, pase, pero muchos lo hacen por vanidad, sin cobrar nada. Si hubiera querido estar sobre un escenario habría sido actor. A quienes han venido a beberse mi cerveza les he dicho lo poco que me gusta recitar poemas en público. Apesta a narcisismo. He visto a muchos petimetres cecear sus versos cristalinos, qué plomazo, y el público es tan gris como los lectores: un puñado de muertos matando una noche muerta.

—Oh, no, Bukowski, te equivocas. Los trovadores iban por las calles entreteniendo a la gente.

196

—¿Se te ha ocurrido pensar que tal vez fueran mediocres?

—Pero, tío, ¿de qué vas? ¡Eran madrigales! ¡Cantos del corazón! Los poetas son iguales. ¡Faltan poetas! Necesitamos más poetas, en las calles, en lo alto de las montañas, en todas partes.

Supongo que esforzarse en ese sentido tiene ciertas recompensas. En una fiesta después de un recital que di en el sur, en casa del profe que lo había organizado, me estaba bebiendo la copa de alguien para variar cuando el profe se me acercó.

—Y bien, Bukowski, ¿cuál quieres?

—¿Te refieres a las mujeres?

—Sí, así es la hospitalidad sureña.

Había unas 15 o 20 mujeres en la habitación. Eché un vistazo rápido y, pensando que me ayudaría a salvar mi maldita alma un poco, elegí a una mujer mayor que iba de rojo, enseñaba las piernas, estaba pintarrajeada e iba hasta el culo.

—Me quedo con la abuela —le dije.

—¿Qué? ¡No jodas! Bueno, es toda tuya...

No sé cómo, pero corrió la voz. La abuela estaba hablando con un tipo. Me miró, sonrió y me saludó. Sonreí y le guiñé un ojo. Me moría de ganas de envolverme los huevos con ese vestido rojo.

Entonces se me acercó una rubia alta. Tenía la tez de color marfil, los rasgos marcados, ojos verde oscuro, un cuerpazo, era misteriosa, joven, ah, todo eso, y se me acercó mientras inflaba los pechos enormes.

—¿En serio te vas a quedar con esa? —dijo.

—Oh, sí, mamá, le voy a grabar mis iniciales en las nalgas.

—¡IDIOTA! —me espetó, y se largó para hablar con un

estudiante joven de pelo negro y de cuello fino y delicado que parecía inclinarse hacia delante con esfuerzo por la agonía que creía sufrir. La rubia era quien seguramente se tiraba a todos los poetas de la ciudad o tal vez solo la que chupaba más pollas, pero le había aguado la fiesta. A veces vale la pena dar un recital, incluso por 500 dólares más gastos...

Lo cual me recuerda que durante la época que viajaba con mi hatillo y mi cada vez más grueso fajo de poemas, conocí a otros de mi estirpe. A veces se iban cuando yo llegaba o viceversa. Dios mío, iban tan zarrapastrosos como yo, con la misma expresión rebelde y abatida. Eso me hacía pensar que tenían futuro. Hacemos lo que podemos, pensé, es un trabajo duro y lo sabemos. Algunos de ellos escribían poemas que gritaban y arriesgaban, que intentaban abrirse paso en alguna dirección. Nos vendíamos al mejor postor sin apenas posibilidades, tratábamos de mantenernos bien lejos de las fábricas y los túneles de lavado, incluso de los manicomios. Recuerdo que justo antes de que la suerte comenzara a sonreírme un poco, planeé atracar varios bancos. Es mucho mejor que te folle una mujer mayor vestida de rojo... Lo que quiero decir es que algunos de los escritores que empezaron con muy buen pie, digamos que con el mismo arrojo que Shapiro en *V-Letter*, ahora forman parte del sistema, los han digerido, conquistado y reducido a nada. Dan clases, son poetas residentes. Visten con elegancia. No pierden la calma. Pero sus creaciones son 4 ruedas pinchadas y no tienen rueda de repuesto en el maletero ni gasolina en el depósito. ENSEÑAN POESÍA, ENSEÑAN A ESCRIBIR POESÍA. ¿Por qué se creen capaces de hacerlo? Es un misterio donde los haya. ¿Cómo es posible que se volvieran tan listos tan rápido y tan idiotas tan rápido? ¿Dónde creen que van?

198

¿Y por qué? ¿Y para qué? La resistencia es más importante que la verdad porque sin resistencia no hay verdad que valga. La verdad significa ir a por todas hasta el final, y así la muerte flaqueará cuando venga a por nosotros.

Bueno, ya he hablado más de la cuenta. Me parezco a los poetas que solían quedarse en mi casa y vomitaban en el sofá. Y mis palabras solo son más palabras en medio de las palabras de los demás. Quería comentarte que tengo un gatito nuevo. Necesito un nombre. Ha habido grandes nombres, ¿no crees? Jeffers, E. E. Cummings, Auden, Stephen Spender, Catulo, Li Po, Villon, Neruda, Blake, Conrad Aiken. Y también están Ezra, Lorca, Millay. No sé.

Ah, joder, al final acabaré llamando «Baby Face Nelson» al muy cabrón y a tomar por saco.

[A A. D. Winans]
27 de junio de 1984

[...] Creo que una de las mejores cosas que me ha pasado fue que no tuve éxito como escritor durante mucho tiempo y trabajé duro hasta los 50. Eso me mantuvo alejado de otros escritores y sus juegos de salón y sus chismorreos y su mala leche, y ahora que la suerte me ha sonreído un poco pienso seguir bien lejos de ellos.

Que me ataquen lo que quieran, yo me dedicaré a lo mío, y no lo hago por la fama o la inmortalidad. Lo hago porque tengo que hacerlo. Casi siempre me siento bien, sobre todo frente a la máquina de escribir, y tengo la impresión de que las palabras suenan cada vez mejor. Cierto o no, verdadero o falso, me dejo llevar.

[A Carl Weissner]
2 de agosto de 1984

[...] Lo que has hecho todos estos años por mí y Black Sparrow, las traducciones y el esfuerzo por conseguirnos las mejores condiciones como agente, es algo sencillamente increíble. Los dos momentos más afortunados de mi vida fueron cuando Martin decidió publicar mi obra y tú pasaste a ser mi traductor, agente y amigo. También recuerdo a Jon Webb, quien publicó unas ediciones fascinantes de mis libros cuando era un desconocido. Hay personas mágicas en este mundo y, desde luego, eres una de ellas. [...]

Me llegan tantas traducciones de tantos países que ya he perdido la cuenta. Ya no caben en las estanterías. Están desperdigadas por la alfombra. Se me hace raro pensar que hay gente en países lejanos leyendo *Mujeres*, *Factótum*, *Se busca una mujer*, *La senda del perdedor*, etcétera... Me llegan cartas de amor de mujeres que viven en lugares remotos. Una mujer australiana me mandó la llave de su casa. Recibo cartas larguísimas de otras personas. Aquí en Estados Unidos hay jovencitas de 19 a 21 años que quieren venir a verme. Les digo que no hay nada que hacer. Nada es gratis. Todo tiene un precio. Les sugiero que se follen a alguien de su edad. [...]

Martin me ha pedido que haga los dibujos para la edición especial de *Guerra sin cesar*. Le he dicho que los dibujos salen del mismo lugar que la literatura y que prefiero escribir. No lo entiende. Así que me emborracho y aprieto los tubos de pintura sobre el papel y los dejo en el suelo y los gatos se pasean por encima. No hago nada por impedírselo.

1985

El libro retirado de la biblioteca de Nijmegen, en los Países Bajos, fue Erecciones, eyaculaciones, exhibiciones.

[A Hans van den Broek]
22 de enero de 1985

Gracias por escribir para decirme que han retirado uno de mis libros de la biblioteca de Nijmegen. Y de que se lo acusa de discriminación racial y sexual. Y de que es sádico porque sí, sin más.

Lo que realmente temo que se discrimine es el humor y la verdad.

Si hablo mal de los negros, los homosexuales y las mujeres es porque los que conocí lo eran. Hay demasiadas cosas «malas»: perros malos, mala censura e incluso blancos malos, solo que cuando escribes sobre los blancos «malos» nadie se queja. ¿Y hace falta que diga que hay negros «buenos», homosexuales «buenos» y mujeres «buenas»?

Cuando escribo me limito a fotografiar lo que veo. Si escribo sobre el «sadismo» es porque existe. No lo he inventado yo, y si narro algún acto terrible es porque esas cosas pasan en nuestras vidas, no estoy de parte del diablo, si es que existe. No siempre estoy de acuerdo con lo que sucede ni tampoco me pongo a difamar porque sí. Es curioso que quienes me atacan encolerizados pasan por alto que también hablo de la dicha, el amor y la esperanza. Con el paso de los años he vivido todo tipo de altibajos, de luces y sombras. Si solo escribiese sobre las «luces» y nunca mencionara las «sombras» sería un impostor.

La censura es la herramienta que emplean quienes necesitan ocultar la verdad. Son incapaces de plantarle cara a la realidad y ni siquiera me cabreo con ellos si no que me dan una pena tremenda. Les educaron para protegerse de todo cuanto ocurre en la vida. Les enseñaron a mirar en una sola dirección cuando existen cientos de direcciones.

No me consterna que uno de mis libros haya sido perseguido y eliminado de los estantes de una biblioteca local. En cierto sentido, me enorgullece haber escrito algo que ha despertado a algunos de su letargo. Pero sí que me duele cuando se censuran libros de otros escritores porque suelen ser libros que valen la pena y esos libros escasean, son libros que con el tiempo se convierten en clásicos, y lo que en una época se consideraba escandaloso e inmoral ahora es de lectura obligatoria en las universidades.

No digo que mi libro sea uno de esos, sino que en estos tiempos que corren, en estos momentos que bien podrían ser los últimos para muchos de nosotros, resulta mortificante y deprimente que todavía haya personas mezquinas, cazadores de brujas y negadores de la realidad. Sin embargo, existen, forman parte del todo, y si no he escrito sobre ellos tal vez debería hacerlo, como aquí, y eso ya me basta.

ojalá que a todos nos vaya mejor.

[A A. D. Winans]
22 de febrero de 1985

[...] Lo de que dejes el trabajo a los 50, pues no sé qué decirte. Yo tuve que hacerlo. Me dolía todo el cuerpo, me era imposible levantar los brazos. Si alguien me tocaba, sentía pinchazos de dolor intenso. Estaba acabado. Me habían castigado la mente y el cuerpo durante décadas. Y no tenía nada ahorrado, me lo gastaba todo en bebida para evadirme. Decidí que me iría mejor la vida de indigente. En serio. El fin estaba cerca. El último día en Correos, cuando ya me iba, un tipo dijo: «Hay que ser valiente para dejar el trabajo a tu edad.» Pero no sabía ni cuántos años tenía. Los años pasaban y no me enteraba de nada, joder.

Sí, tenía miedo. Miedo de no ganarme la vida como escritor. El alquiler, la manutención de mi hija. La comida me daba igual. Bebía y tecleaba. Escribí mi primera novela *(Cartero)* en 19 noches. Bebía cerveza y whisky y me pasaba el día en pantalones cortos. Fumaba puros baratos y escuchaba la radio. Escribía relatos guarros para las revistas porno. Me servía para pagar el alquiler y también para que muchos me dijeran que odiaba a las mujeres. Ganaba poquísimo dinero, pero sobrevivía. Empecé a dar recitales casi en contra de mi voluntad, pero necesitaba el dinero. Fue una época muy confusa, de borrachera en borrachera, pero tuve suerte. Y escribí y escribí y escribí, me encantaba darle a la máquina de escribir. Era una lucha diaria. Y me llevaba bien con los caseros. Pensaban que estaba loco. Iba a emborracharme con ellos a menudo. Tenían una nevera llena de litronas de Eastside. Nos soplábamos las litronas hasta las 4 de la mañana, cantando canciones de los años 20 y 30.

—Estás loco —me decía la casera—, mira que dejar el trabajo en Correos.

—Y ahora sales con esa colgada. Sabes que está colgada, ¿no? —me decía el casero.

Ah, también ganaba diez dólares a la semana por escribir la columna «Escritos de un viejo indecente». Y esos diez dólares daban para mucho.

No lo sé, A. D., no sé cómo lo conseguí. La bebida ayudaba. Todavía ayuda. Y me encantaba escribir, EL SONIDO DE LA MÁQUINA DE ESCRIBIR. A veces creo que lo único que me gustaba era el sonido de la máquina de escribir. Y la bebida, cerveza con scotch, al lado de la máquina. Y encontrar colillas apagadas, encenderlas borracho y quemarme la nariz. No quería DEMOSTRAR que era un escritor de verdad, sino que disfrutaba escribiendo.

La suerte siguió sonriéndome y no dejé de escribir. Las mujeres eran cada vez más jóvenes y más exigentes. Algunos escritores comenzaron a odiarme. Muchos siguen odiándome, incluso más que antes. Qué más da. Lo importante es que no morí en Correos. ¿Seguridad? ¿Seguridad para qué?

[A John Martin]
Junio de 1985

Te has ganado la vida con la editorial, has publicado lo que te daba la gana, tal vez no tanto al principio porque hacías caso a literatos a quienes solo les importaba el prestigio, pero cada vez has arriesgado más y te has salido con la tuya gracias al instinto y estilo personales. Lo que vende no siempre es bueno y lo que no vende a veces es mediocre (y no una forma artística incomprendida). Hay muchas variantes posibles. Para dirigir bien una empresa hace falta tener ojo y diferenciar los genios de los soplapollas. Te lo curras con una energía que deja pasmados a los dejados y vagos que piensan que las cosas llegan sin esfuerzo.

Te critican porque consigues salir adelante cuando ellos son incapaces de salir adelante; su envidia es fruto de una debilidad deplorable. Tú continúas con lo tuyo mientras ellos despotrican por sus desgracias, que se deben a su pereza absoluta y a una falta de agallas increíble.

Haces de editor, lector de manuscritos, recaudador, publicista, y sabe Dios qué más, mientras escuchas a los Grandes Escritores lamentarse por teléfono sobre cualquier trivialidad, sobre los problemas de tres al cuarto que preocupan a todo bicho viviente pero que para ellos son una tragedia porque son genios sensibles, elegidos por la gracia divina.

Haces tu trabajo de puta madre, pero me molesta, aunque a ti no te moleste, que casi nadie haya reconocido tu labor durante todos estos años. Me atrevería a decir que en tres décadas has publicado un conjunto de libros sin parangón en la historia editorial de Estados Unidos. ¿Y quién te lo agradece? No es que lo necesites, pero yo sí que lo necesito para ti. Prefiero que los Campeones no pasen desapercibidos.

El problema es que has estado tan ocupado que no te has dedicado a ir a fiestas ni a besar el culo de los medios y los profesores universitarios que te meterían de lleno en su círculo anodino y mortífero.

No te preocupes, pronto tirarán la Bomba, y si no lo hacen, tus logros saldrán a la luz, Black Sparrow, maravilloso cabronazo.

Los libros que Bukowski menciona a continuación son Camino a Los Ángeles *y* El vino de la juventud, *que Black Sparrow Press publicó póstumamente en 1985.*

[A Joyce Fante]
18 de diciembre de 1985

Siento que me preguntaras por el libro de John; me he pasado varios días y noches pensando cómo contestarte y no me queda otra que decirte que no me gustó, ni tampoco el siguiente.

Es posible mostrarse rencoroso con estilo y también ser un amargado divertido, pero esos dos libros me dejaron mal sabor de boca. Causar estragos no está mal si implica cierta valentía, pero causar estragos sin más, porque sí, pues no sé, eso pasa a diario en nuestras vidas, en las autopistas y en los callejones de nuestras idas y venidas y esperas.

John fue mi principal influencia literaria junto con Céline, Dostoievski y Sherwood Anderson, y escribió algunos de los libros más emotivos de los tiempos modernos, pero creo que habría sido mejor no publicar estos dos libros. Podría equivocarme, claro está. Muchas veces me equivoco.

Conocer a mi héroe (si me permites que lo llame así) al final de su vida y en circunstancias de lo más dolorosas fue triste y maravilloso a la vez. Y espero que lo poco que hablé con John le ayudara en medio de aquel terrible infierno.

Siempre recordaré *Pregúntale al polvo*, para mí la mejor novela de todos los tiempos, una novela que seguramente me salvó la vida, por si sirve de algo.

206

Nadie escribe una obra maestra tras otra, es imposible. John estuvo muy cerca de conseguirlo. Viviste con un hombre amargado que superó esa amargura gracias a un amor que teñía y llenaba y transformaba cada palabra en un milagro inolvidable que decía

sí a pesar de todo
sí por todo
que decía
sí sí sí

y que continuaba diciéndolo incluso cuando lo conocí moribundo.

Nunca habrá otro John Fante...

Era un bulldog con corazón en el infierno.

Kurt Nimmo publicó la poesía de Bukowski en la revista Planet Detroit *en 1985, así como el librito* Relentless as the Tarantula *en 1986.*

[A Kurt Nimmo]
3 de marzo de 1986

Siento que Martin sea como una pesadilla y no te deje tranquilo. Soy su mejor baza y pierde los papeles si alguien publica varios poemas míos sin que él lo sepa. Hiciste un buen trabajo con [*Relentless as the*] *Tarantula* y creo que los poemas no están nada mal, un par de ellos son realmente excepcionales. En serio, me alegro de que los publicaras...

Martin tiene miles de poemas míos, miles y miles, que ha ido apilando durante unos 20 años. Podría sacar 5 o 6 o 7 libros de poesía y todos los poemas serían buenos. No paro de escribir.

Martin retrasa el siguiente libro a posta para que los lectores se pongan ansiosos, dice que el Coronel Parker hacía lo mismo con Elvis Presley, retrasaba los estrenos para que la gente estuviera más expectante. Vaya mierda de películas. Para mí eso no es retrasar.

Martin y yo empezamos más o menos a la vez y le soy leal; por otro lado, es posible que no dirigiera la editorial si no fuera por mí.

Detesto estos jueguecitos... con Martin. Lo único que quiero es beber vino y darle a la tecla.

Me envió una copia de la carta que te escribió. ¿A qué vino entonces la llamada telefónica que te hizo?

Martin se obsesiona más de la cuenta con toda esta mierda, joder.

Publicaste los poemas porque te gustaban, eso es todo. Además, regalas ejemplares a los suscriptores... ¡Diría que no estás tratando de acabar con el imperio de Martin!

[A John Martin]
5 de marzo de 1986

Vaya mierda.

Empiezo a darme cuenta de que Black Sparrow solo publica lo que le da la gana.

Tienes cientos y cientos de poemas míos sin publicar.

Me siento como un mono de circo en una jaula que actúa por orden tuya.

Tus ansias de beneficios me agotan y desgastan.

Sigues retrasando la publicación de los libros cuando está claro que los lectores quieren más.

Mi lealtad hacia ti empezó de manera justa.

Lo único que quiero es teclear, joder. Y solo dejas que la gente vea una sexta parte de lo que escribo.

Esto es una tortura. Me estás matando en vida.

Ningún otro poeta se ha visto tan limitado como yo.

[A William Packard]
27 de marzo de 1986

Acabo de recibir el número 29 de *NYQ* y he visto que has publicado unos cuantos poemas míos. Haces que me

209

sienta como E. E. Cummings e incluso un poco como Ezra, y Li Po y yo bebemos vino ahora y nos sentimos mejor que nunca; me gusta que las palabras se estampen en el papel, no como las estampaba Hemingway, sino como si fueran arañazos en el hielo acompañados de unas cuantas buenas carcajadas.

Gracias por apostar por mí. Estoy seguro de que en muchos círculos piensan que no soy poético, lo cual, por supuesto, me regocija.

Bueno... humm..., te adjunto varios poemas más, aunque sé que ya tienes muchos. Si *NYQ* no hubiera aparecido en mi vida habría probado otras revistas, pero me siento tan a gusto que te envío todos los poemas a ti primero, pero no te sientas obligado a aceptarlos... Si me los devuelves los enviaré a otras revistas, tengo dónde elegir.

La suerte tardó décadas en llamar a mi puerta y creo que eso me vino bien..., viví de primera mano los trabajos de mierda y las mujeres problemáticas mientras leía a los grandes escritores y no aprendía casi nada. Cuando trabajas para otro y eres esclavo de su dinero la mayor parte de la literatura no convence. Por supuesto, la juventud te hace pensar que eres mucho mejor de lo que realmente eres. Al principio, imitaba a Saroyan y a Hemingway y un poco a Sherwood Anderson. Al cabo de un tiempo dejó de gustarme Saroyan porque no cambiaba las circunstancias y Hemingway porque le faltaba humor. Sherwood Anderson sigue gustándome en términos generales. Le habría caído bien a Li Po.

Hubo una época en la que dejé de escribir y le di a la bebida y a las mujeres, sustituían a la creación literaria y casi acabaron conmigo; estaba preparado para eso, pero no llegó a pasar, y aunque no escribía estaba acumulando sin saberlo historias extrañas y alocadas que un doctorando en literatura jamás habría encontrado. Algunas personas bienintencionadas me han dicho: «Todo el mundo sufre», y siempre les digo: «Nadie sufre como los pobres», y así me libro de ellos.

Lo que escribimos es el resultado de lo que hemos vivido con el paso de los años. Es una excelente huella de quienes somos. Lo que ya hemos escrito no sirve nada, lo que cuenta es la siguiente palabra. Y que no se te ocurra ninguna palabra no quiere decir que seas viejo, sino que estás muerto. No pasa nada, todos moriremos, pero, como todo el mundo, espero un aplazamiento. Otro folio en la máquina de escribir bajo la lámpara caliente, bebiendo vino, encendiendo colillas apagadas mientras en la planta baja mi mujer oye ruidos y no sabe si estoy loco o borracho. Nunca le enseño ni hablo sobre lo que escribo. Cuando la suerte me sonríe y publican un libro mío, me acuesto, lo leo, no digo nada y se lo paso. Lo lee y me hace algún comentario, poca cosa. Así lo han querido los dioses. Es una vida que está más allá de cualquier consideración mortal y moral. Es lo que hay, no queda otra. Y cuando mi esqueleto descanse en el ataúd, si es que tengo uno, no habrá nada que me arrebate las magníficas noches que he pasado frente a la máquina de escribir.

[A Carl Weissner]
22 de agosto de 1986

[...] Me he pimplado una botella casi entera de vino blanco frío en 15 minutos. No me quedaba otra, se calienta enseguida. El libro nuevo, *You Get So Alone at Times That It Just Makes Sense*, me gusta bastante. No es inmortal pero te ríes, ¿no? Barbet se pasó por aquí y vio las cajas de cartón llenas de poemas.

—Joder, ¿has escrito todo eso? —dijo.

—Este año —respondí.

—¿Martin elige los mejores poemas?

—Eso espero...

La mayoría de los poetas eligen los poemas que publican. Yo soy demasiado vago. Además, si me pusiera a elegir poemas perdería un tiempo precioso para escribir poemas nuevos. Uno de los grandes secretos de Martin es que tiene MILES DE POEMAS GUARDADOS. No vivirá para publicarlos todos. Mi obra tiene un toque de locura, pero casi nunca escribo cuando no me apetece hacerlo. La verdad es que me gustaría que Martin publicara los poemas más pasados de vueltas. Los que elige me dan cierto aire solemne.

Debería volver a escribir relatos, joder. Es una forma más libre. Lo que pasa es que solo escribo cuentos cuando me siento bien y hace tiempo que no me siento bien, así que no paro de escribir poemas y más poemas... Si no fuera por esa válvula de escape sería un suicida o me estaría poniendo hasta el culo de pastillas en el manicomio más cercano.

1988

[A Carl Weissner]
6 de julio de 1988

[...] No paran de salirme poemas, y eso que tengo cáncer de piel, y no me dejan acabar la novela. A veces solo la bebida y los poemas ayudan a resolver una situación o situaciones varias.

Voy por la página 173 de la novela [*Hollywood*], la carpeta con sujetapapeles está a punto de reventar. Creo que no está mal del todo, aunque si se acaba publicando es posible que me meta en problemas. Pero los tribunales van tan de culo que a veces un caso puede tardar 5 o 6 años en celebrarse, y mientras tanto los abogados engordan y se forran y los clientes se vuelven locos.

La revista *Gargoyle* lleva tiempo publicándose, aunque casi todo lo que sacan es convencional y le falta garra. El editor, Jay D[ougherty], dice que le has enviado una entrevista de primera y tengo ganas de ver qué se te ha ocurrido esta vez. Siempre me han gustado tus puntos de vista sobre la vida.

Sí, *Madrigales* [*de la pensión*] está bien, pero prefiero lo que escribo ahora, es de una claridad más pura. Me basta seguir dándole a las teclas de los cojones, eso es todo lo que necesito.

[...] Sí, acabé *Hollywood*. Estoy contento con el resultado. Hay pasajes para partirse el culo. Me gusta tanto como cualquiera de mis libros. Pero, claro, un escritor es el peor juez de su propio trabajo. Me lo pasé bien, fue un elixir, un tónico, porque había muchas cosas que me corroían y la máquina de escribir era mi mejor válvula de escape, me permitía pasar de la oscuridad de mierda más absoluta a una penumbra más soportable, aunque estaba escribiendo una historia terrorífica. A veces, cuando parece que no hay esperanza, todo encaja a la perfección.

Prefiero mil veces escribir cuando me siento feliz y lo hago cuando tengo la suerte de sentirme así. No creo que el dolor sirva de inspiración artística. Hay demasiado dolor. Podemos vivir perfectamente sin él. Si nos deja, claro.

En cuanto a Burroughs, nunca terminó de convencerme, y siento que haya dejado de interesarte. Todo ese grupo, Ginsberg, Corso, Burroughs y los demás dejaron de interesarme hace ya mucho. Si escribes porque quieres ser famoso la estás cagando. No es que me vayan las normas, pero tengo una bien clara: los únicos escritores que lo hacen bien son los que escriben para no enloquecer.

1990

Henry Hughes publicó cuatro poemas de Bukowski en la revista Sycamore Review *en 1990 y 1991.*

[A Henry Hughes]
13 de septiembre de 1990

9-I3-90

Hello Henry Hughes:

    I'm glad I got a couple past you.

    I'm 70 now but as long as the red wine flows and the typewriter goes, it's all right. It was a good show for me when I was writing dirty stories for the men's mags to get the rent and it's still a good show for me as I write against the hazards of a little fame and a little money--and those approaching footsteps on that thing with the STOP sign. At times I've enjoyed this contest with life. On the other hand, I'll leave it without regrets.

    Sometimes I've called writing a disease. If so, I'm glad that it caught me. I've never walked into this room and looked at this typewriter without feeling that something somewhere, some strange gods or something utterly unnamable has touched me with a blithering, blathering and wonderous luck that holds and holds and holds. Oh yes.

Me alegro de que aceptaras un par de poemas.

Tengo 70 años pero estaré en la gloria si el vino tinto sigue fluyendo y la máquina de escribir funciona. Me lo pasaba bien cuando escribía relatos obscenos para las revistas porno para pagar el alquiler y sigo pasándomelo bien a pesar de los peligros de la fama y el dinero... y esos pasos cada vez más cercanos de la muerte. He disfrutado de la lucha de la vida y la dejaré sin remordimientos.

Más de una vez he dicho que escribir es una enfermedad. Me alegro de haberme contagiado. Cada vez que entro en este estudio y miro la máquina de escribir siento que algo en alguna parte, unos dioses extraños o algo innombrable, me ha conferido un don maravilloso que perdura y perdura. Oh, sí.

[A los editores de la *North Colorado Review*]
15 de septiembre de 1990

[...] Veo que se trata de una revista universitaria pero en vuestra carta el tono era muy humano. De todos modos, me he dado cuenta de que en los últimos dos años algunas publicaciones universitarias son más propensas a arriesgar y discrepar en las ideas que promulgan. Vamos, parece que salen del siglo XIX ahora que llegamos al XXI. Una señal de lo más esperanzadora.

Sí, sé a qué os referís. Parece que los escritores han perdido el norte, escriben para darse a conocer y no porque estén al borde de la desesperación. Recuerdo a Pound, T. S. Eliot, E. E. Cummings, Jeffers, Auden y Spender. Sus palabras incendiaban las páginas. Los poemas eran acontecimientos, explosiones. El entusiasmo se palpaba en el aire. Durante las décadas siguientes ha habido una calma absoluta, una calma de lo más anodina, como si el aburrimiento fuera sinónimo de genialidad. Si aparecía alguien con talento apenas era un destello, unos cuantos poemas, un librito, y luego lo limaban y digerían hasta que desaparecía. Que los escritores con talento no aguanten los embates de la vida es un maldito crimen. Significa que han caído en todas las trampas, se han tragado los elogios, se han conformado con poco. Un escritor no es escritor porque ha escrito un puñado de libros. Un escritor no es escritor porque enseña literatura. Un escritor solo es escritor si escribe ahora, esta noche, en este preciso instante. Hay demasiados escritores que teclean. Los libros me aburren y se me caen de las manos, son una mierda. Creo que hemos tirado a la basura medio siglo de literatura.

Los compositores clásicos, sí. Siempre escribo con la radio puesta y una botella de un buen vino tinto. Y fumo cigarrillos hindúes (Mangalore Ganesh). Los remolinos de humo, el sonido de las teclas y la música. La mejor manera de burlarse de la muerte y de felicitarla. Sí.

Kevin Ring publicó en Inglaterra las revistas Beat Scene *y* Transit, *en las que Bukowski apareció en varios números.*

[A Kevin Ring]
16 de septiembre de 1990

[...] Sé a lo que te refieres. Siempre me ha molestado la pretenciosidad rancia de la poesía, no solo la de nuestros tiempos sino la poesía de todos los tiempos, la que los críticos ensalzan. Todo el mundo se muestra satisfecho y entusiasmado con un fuego que apenas arde, y lo hacen tan bonito, tan delicado. [...] La prosa no le va muy a la zaga. No digo que sea un gran escritor sino que como lector siento que me han engañado, embaucado y tomado el pelo con los trucos más burdos del oficio, trucos que ni vale la pena aprender.

Oh, sí, conozco bien la obra de Edward Elgar. Componía para la Reina y el país pero no por eso perdía la magia. De los ingleses también me gusta Eric Coates. Ha habido tantos grandes compositores a lo largo de la historia. Me paso horas escuchando música clásica, es mi droga. Me calma en momentos de desasosiego. A diferencia de los poetas y los novelistas, los compositores clásicos son muy honestos, tienen aguante y les sobra pasión e inspiración. No me canso de oírlos. Muchos de ellos se desvivieron por la música, lo dieron todo. Escucho horas y horas de música clásica en la radio y después de tantos años a veces me sorprende una obra nueva y asombrosa que casi nunca suena.

La noche se vuelve mágica cuando oigo una de esas obras. Conozco todos los clásicos y todos los arreglos más conocidos, pero aunque sean buenos, si te sabes de memoria todas y cada una de las notas que van a sonar, pues la cosa pierde gracia. La música guía mis palabras, por sencillas que sean, porque siempre escucho música mientras escribo y, por supuesto, que no falte una botella de vino.

[A William Packard]
23 de diciembre de 1990

[...] Cuando todo va sobre ruedas no es porque hayas escogido la literatura sino porque la literatura te ha escogido. Te desborda, te sale por los oídos, por la nariz, se te mete por debajo de las uñas. Es tu única esperanza.

Una vez estaba en Atlanta, muriéndome de hambre y de

frío en una casucha. El suelo estaba cubierto de periódicos. Encontré la punta de un lápiz y escribí en los bordes blancos de los periódicos con aquella punta de lápiz, sabiendo que nadie leería mis palabras. Era una enfermedad. No lo planeaba ni era parte de un movimiento literario. Era y ya está.

¿Por qué fracasamos? Tiene que ver con los tiempos que corren, con esta época. No ha habido nada en los últimos 50 años. Ningún avance verdadero, nada nuevo, ningún riesgo, ni un solo destello cegador.

¿Qué? ¿Quién? ¿Lowell? ¿Ese saltamontes? No me vengas con tonadillas de mierda.

Hacemos lo que podemos y no lo hacemos muy bien. Censurados. Atrapados. Pura pose.

Nos lo curramos demasiado. Nos esforzamos demasiado.

No te esfuerces. No te lo cures. Está ahí. Nos mira, ansioso por salir del útero cerrado.

Ha habido demasiada dirección. Todo es libre, no tendrían que guiarnos tanto.

¿Clases de literatura? Las clases de literatura son para gente burra.

Escribir un poema es tan fácil como machacársela o beberse una cerveza. A ver, ahí va uno:

«flujo»

madre vio el mapache,
me dijo mi mujer.

ah, dije.

y así estaban
las cosas
esta noche.

1991

[A John Martin]
11 de marzo de 1991, 1.42

Es probable que escriba demasiado, aunque para mí es normal. Es una adicción.

Te lo habré contado miles de veces, pero nunca olvidaré lo que me pasó en Atlanta, cuando me moría de hambre y, como poseído, escribía con la punta de un lápiz en los bordes blancos de los periódicos que los caseros habían puesto en el suelo de tierra a modo de alfombra. ¿Loco de atar? Sí, pero era locura de la buena. No lo olvidaré jamás. Fue el mejor curso de Literatura imaginable. Pienso atravesar como un rayo el cielo de todo. Porque sí.

[A John Martin]
23 de marzo de 1991, 23.36

Tengo la sensación de que soy un escritor en ciernes. El entusiasmo y el asombro siguen intactos... Es una locura maravillosa. Creo que la mayoría de los escritores, después de haber formado parte del juego durante mucho tiempo, se vuelven demasiado esmerados y cuidadosos. Temen cometer errores. Si tiras los dados a veces sacas dos unos. Me gusta dar rienda suelta a la imaginación. En ocasiones salen poemas buenos y sucintos, aunque suele ocurrir cuando estás escribiendo otra cosa. Sé que escribo mucha basura, pero si me dejo llevar y lo saco todo, disfruto de una libertad que no tiene precio.

Me lo estoy pasando bomba, teta, genial, de fábula. Los dioses me dejan celebrarlo. Es de lo más raro. Pero lo acepto.

[A John Martin]
13 de abril de 1991, 12.20

Compré folios verdes por error pero me parece que tampoco quedan tan mal.

Acabo de firmar un par de libros para Fidel Castro. Paso de la política, ya lo sabes, pero ya era hora de que leyera mis libros, ¿eh?

A Bukowski el ensayo de Patrick Foy «The Second World War and Its Aftermath», que acabó convirtiéndose en el libro The Unauthorized World Situation Report, *le causó una impresión más que favorable.*

[A Patrick Foy]
15 de abril de 1991, 20.34

Gracias por el poema y la foto, me han gustado. No soy fanático del tenis, pero soy un buen estudiante de la derrota. He aprendido unas cuantas lecciones en ese sentido.

Llevo días con ganas de comentarte lo que me enviaste. Tu lucha contra la redomada estupidez que ha plagado este siglo es noble y solitaria. Me maravilla tu persistencia a pesar de las dificultades. Creo que tu punto de vista es acertado. Lo que pasa es que la propaganda del pasado ha conseguido que casi todo el mundo acepte sin darse cuenta toda esa sarta de mentiras dañinas. Es imposible retroceder en el tiempo y corregir todos esos errores porque entonces nuestros tan cacareados líderes, los héroes de la historia, quedarían como impostores y farsantes. Piensa en los millones de vidas perdidas por las supuestas grandes causas. Todas esas vidas se habrían sacrificado en vano por una serie de motivos equivocados. Es demasiado tarde para arreglar los estragos causados por este juego monstruoso; hombres y mujeres, casi todo el mundo, enloquecerían de ira. Lo peor de todo es que el juego continúa y se ha vuelto más inhumano si cabe; se basa en la avaricia y el miedo, en una estrategia tan bien pensada que cuanto más te mienten, más te lo crees.

Para quienes estamos al tanto de esto no nos queda otra que protegernos de esta acometida que ha acabado con la sensibilidad de la mayoría de los seres humanos.

[A John Martin]
12 de julio de 1991, 21.39

Leí por ahí que Henry Miller dejó de escribir cuando se hizo famoso, lo cual seguramente significa que escribía para hacerse famoso. No lo entiendo: no hay nada más mágico y hermoso que ver las palabras cobrando vida en la página en blanco. Es todo cuanto hay. Siempre ha sido así. No hay mayor recompensa que escribir. Lo que viene después es secundario. No entiendo que los escritores dejen de crear. Es como arrancarse el corazón y tirarlo al váter junto con la mierda. Escribiré hasta mi último aliento, me da igual que guste o no. El final será como el comienzo. Ese es mi destino. Es algo tan sencillo y profundo como eso. Y ahora dejaré de escribirte sobre todo esto para escribir sobre otras cosas.

1992

[A John Martin]
19 de enero de 1992, 12.16

Te adjunto una entrada de diario breve.

Gracias por el desglose de las ventas. Me parece increíble que esos 18 libros míos sigan vendiéndose. Me resulta extraño, y estoy orgulloso de todos esos libros, que sigan vivitos y coleando. Y con el paso de los años los títulos de los primeros libros se vuelven todavía más especiales, como si tuvieran vida propia. Otro de esos milagros discretos.

Lo mejor de todo es que seguimos adelante. Si algún día lo dejas, no sé qué haré. Hemos trabajado juntos en completa armonía, confiando el uno en el otro. No recuerdo ni una sola discusión.

Gracias, colega, ha sido un viaje bien hermoso.

[A William Packard]
30 de marzo de 1992, 20.24

[...] Gracias por los poemas adjuntos. Me gusta tu poema «The Seducer». Sabes cómo hay que hacerlo. O cómo no hay que hacerlo. Gracias también por el plan de estudios. Es un honor estar junto con Pound, Lorca, Williams y Auden. *Ruiseñor, deséame suerte*. Y hablando de Pound, hace muchas décadas vivía con una mujer y todavía no sé cómo salimos adelante sin dinero, sobre todo porque no parábamos de beber, aunque en aquel entonces ni me paraba a pensarlo. Pues nada, las pocas veces que no bebía iba a la biblioteca. Una vez abrí la puerta y me quedé allí con un libro enorme en la mano y ella me miró desde la cama.

–¿Has sacado otra vez los *Cantos* de los cojones? –dijo.

–Sí –dije–, no podemos pasarnos el día solo follando.

Jack Grapes, editor de la revista literaria Onthebus, *publicó un gran número de poemas y entradas de diario en un apartado titulado «Un álbum de Charles Bukowski». Grapes reseñó también la poesía de Bukowski.*

[A Jack Grapes]
22 de octubre de 1992, 12.10

Gracias por la carta y por el artículo sobre *Atrapa mi corazón...* Gracias también por el álbum. 32 páginas, no está nada mal.

Escribí *Atrapa mi corazón...* en una época muy curiosa, y ni siquiera era joven entonces. Y ahora, con 72 años, me siento como si tratara de superar las fábricas o los trabajos de mala muerte. La creación sigue viva en mí, las palabras siguen hendiéndose en el folio, y las necesito más que nunca. [...] Escribir ha evitado que acabase en un manicomio, suicidándome o matando a alguien. Es mi droga y la necesito. Ahora. Mañana. Hasta el último aliento.

Ahora las resacas son peores, pero consigo levantarme, subir al coche y conducir hasta el hipódromo. Apuesto a mi manera, paso de los demás. «Ese tipo nunca habla con nadie», dicen.

Por la noche escribo en el ordenador si estoy inspirado. Si no lo estoy, no lo fuerzo. Si las palabras no te salen a borbotones, olvídalo. A veces ni me acerco al ordenador porque no siento nada. O estoy muerto o estoy descansando, el tiempo dirá. Lo que sí sé es que estoy muerto hasta que no escribo la siguiente palabra. Es algo necesario, aunque no como para ponerse trascendente. Sí, sí. Mientras tanto, trato de comportarme como un ser humano normal: hablo con mi mujer, acaricio a los gatos, veo la tele si tengo ganas, leo el periódico de principio a fin o me voy a dormir temprano. Los 72 son toda una aventura. Cuando cumpla 92 lo recordaré y me reiré. No, ya he vivido bastante. Siempre es la misma película, salvo que nos volvemos más feos. Nunca pensé que viviría tanto, así que cuando la muerte venga a por mí estaré listo.

1993

Durante más de cuatro décadas Bukowski intentó sin suerte salir en las páginas de la revista Poetry; *finalmente, poco antes de morir, le publicaron tres poemas.*

[A Joseph Parisi]
1 de febrero de 1993, 10.31

Recuerdo que de joven leía *Poetry: A Magazine of Verse* en la biblioteca pública de Los Ángeles. Ahora, por fin, ya soy uno de los vuestros. Supongo que al fin y al cabo dependía de nosotros dos. Me alegro de que hayas aceptado un par de poemas. [...]

Gracias, el año nuevo me está tratando bien de momento. Las palabras siguen formándose, arremolinándose y girando como un torbellino. Cuanto más mayor me hago, más mágica es esta locura que me posee. Es muy extraño, pero lo acepto.

EPÍLOGO

Mientras repasaba más de dos mil páginas de correspondencia inédita en busca de las cartas más reveladoras de Bukowski sobre el arte de escribir, me topé con varias joyas nunca antes vistas: cartas a Henry Miller, Whit Burnett, Caresse Crosby, Lawrence Ferlinghetti y John Fante, su dios literario; una cita promocional olvidada y expresiva que Bukowski escribió para uno de sus libros más populares, *Erecciones, eyaculaciones, exhibiciones;* una introducción que Bukowski redactó expresamente para su primera traducción al neerlandés, *Dronken Mirakels & Andere Offers*, inédita hasta la fecha; y una parodia inconclusa de las revistas literarias titulada *La Revista Papel de Váter.* También había algunas cartas de la primera época en las que el tono de Bukowski es sorprendentemente recargado y elaborado, así como varias ilustraciones impresionantes que se publican aquí por vez primera. Si a estos hallazgos extraordinarios añadimos algunas de las cartas más apasionadas de Bukowski, podría decirse que este libro de correspondencia es tan fascinante como cualquiera de sus obras. Bukowski en estado puro: crudo, agudo y emotivo a partes iguales, dando lo mejor de sí sin dejar títere con cabeza.

Las cartas rezuman inmediatez; Bukowski no pierde el tiempo con conversaciones insustanciales, se mete de lleno en cada carta, lo da todo y habla del día a día con entusiasmo. Es como si las cartas fueran poemas; de hecho, Bukowski no se cansa de repetir que las cartas son tan impor-

tantes como los poemas. Del mismo modo, algunas de las cartas son auténticos relatos de principio a fin. Para Bukowski la poesía, la prosa y la correspondencia son lo mismo: arte. La intensidad de las cartas que escribe a desconocidos es incluso sorprendente. Las cartas a Edward van Aelstyn y Jack Conroy están impregnadas de la misma honestidad que las que enviaba a amigos, editores y poetas con quienes se había carteado en numerosas ocasiones. Para Bukowski no había diferencia alguna.

La correspondencia también se caracteriza por su espontaneidad. En la mayoría de las cartas prevalece el arrojo y la naturalidad. La voz de Bukowski se manifiesta con claridad y en primera persona, sin tapujos. Las cartas son instantáneas transparentes del estado de ánimo de Bukowski, desprovistas de cualquier fingimiento. Bukowski concebía la creación literaria como un proceso sin restricciones, y esa visión queda manifiesta también en la correspondencia, ya sea cuando redacta una apasionada diatriba sobre el estado de las letras norteamericanas o cuando ataca de manera despiadada a sus coetáneos. Bukowski siempre es Bukowski.

Hay varias excepciones que llaman la atención. En las cartas a Whit Burnett, Caresse Crosby, Henry Miller y John Fante, el tono de Bukowski es forzado e incluso artificioso, como si estuviera avergonzado y no quisiera importunarles. Asimismo, el estilo de las cartas de finales de los cincuenta es más recargado y elaborado, llegando incluso a emplear lo que denomina «palabras del diccionario» con fines humorísticos. Este mismo cambio se aprecia en la poesía: los poemas de la primera época son intricados mientras que los de la etapa final son de «una claridad más pura». El tono de la correspondencia se transforma de modo similar a comienzos de los sesenta, sobre todo cuando comienza a cartearse con Jon Webb y William Corrington: las virguerías estilísticas dan paso a una prosa directa. Es en ese momento cuando Bukowski comienza a sonar como el «Bukowski» más conocido.

Para Bukowski, tanto al principio como al final de su carrera, escribir era una enfermedad placentera e incurable, y estas cartas dejan bien claro lo mucho que valoraba la dicha de escribir. Era una fuerza natural que no podía ni quería detener. Bukowski rara vez tenía bloqueos mentales y escribió casi a diario durante cinco décadas. En una entrevista concedida en 1987 expresó de manera gráfica el impulso creativo: «Si me paso una semana sin escribir, enfermo. No puedo caminar, me mareo. Me tumbo en la cama y vomito. Me levanto por la mañana con arcadas. Necesito escribir. Si me cortaras las manos, escribiría con los pies.» Su naturaleza disciplinada y prolífica ponían de manifiesto qué le hacía feliz: «No hay mayor recompensa que escribir. Lo que viene después es secundario», afirmó a comienzos de los noventa. Si además tenemos en cuenta que Bukowski siempre defendió el carácter lúdico de la poesía, el resultado no podría ser más clásico: la creación literaria es *dulce et utile*, tal y como Horacio sugiriera siglos antes.

Bukowski, atrincherado en sus pequeños apartamentos y estudios de Los Ángeles, vivía completamente aislado del mundo que le rodeaba. Mostraba tan poco interés en lo que sucedía que llegaron a acusarle de haberse perdido los sesenta: «Joder, claro, estaba currando en Correos», dijo a modo de respuesta. Al igual que Robinson Jeffers en Big Sur, Bukowski creaba en soledad; del mismo modo que el protagonista de *Memorias del subsuelo*, de Dostoievski, arrojaba misiles incendiarios desde su madriguera anónima que dejaban boquiabiertos a lectores y críticos por igual. Es un intento casi desesperado por desentenderse del orden establecido, Bukowski lanzaba esos proyectiles atemporales contra el panorama literario de la época para sacudir sus entrañas. Es precisamente esa atemporalidad la que convierte su obra en perdurable y, en ocasiones, memorable.

Bukowski nació en Alemania y creció en Los Ángeles en una familia en la que el amor y el afecto brillaban por su ausencia, lo cual moldearía su visión descarnada, individualista, casi nietzscheana, del mundo. Al ser mayor que casi todos los escritores de los nuevos movimientos literarios independientes, y habiendo crecido durante la

Depresión, las modas pasajeras como la contracultura y la filosofía vacua del amor libre no le atraían en absoluto; de hecho, renegaba de ellas. Lo que más detestaba era la sociabilidad y el egocentrismo de grupos populares como los *beats,* quienes creían que estar en candelero era más importante que la propia creación literaria. Bukowski se mantuvo alejado de los focos y se entregó en cuerpo y alma a la escritura. La máquina de escribir le transportaba a ese lugar mágico entre la locura y la cordura que tanto le gustaba.

Bukowski, un lobo solitario por naturaleza, solía recordar la cita de Sartre «el infierno son los otros», pero nunca renegó de sus muchas influencias literarias. El alcohol y la música clásica también ejercieron una clara influencia en su obra, quizá tanto como los artistas a quienes admiraba y agradecía su arrojo y valentía. Asimismo, se mostró agradecido con algunos editores independientes, sobre todo con Jon Webb, Marvin Malone y John Martin y su «viaje mágico» juntos. Por otro lado, no tenía reparos en criticar a los mejores escritores de todos los tiempos, desde Shakespeare hasta Faulkner. Los autores coetáneos no se salvaban: Carol Bergé, Ron Silliman, Henry Miller (y sus «parloteos a lo *Star Trek*») y Robert Creeley fueron objeto de sus ataques inclementes (en el caso de Creeley, cambió de parecer a principios de los setenta y admitió que sus críticas eran infundadas). Tal y como Bukowski no se cansaba de repetir, no empezó a escribir porque fuera bueno sino porque los otros eran pésimos.

Aunque Bukowski no era erudito ni por asomo, fue a la universidad durante un año y medio y se enorgullecía de haber leído infinidad de libros en la biblioteca pública de Los Ángeles. Si bien escribía mal el nombre de muchos escritores famosos, este sátiro borrachín y tosco citaba casi

de memoria versos medievales olvidados, aforismos de Nietzsche y fragmentos de Shakespeare, Whitman y otros gigantes literarios. Tal era la incultura del viejo verde de las letras norteamericanas.

No solo eso, sino que Bukowski en ocasiones también era quisquilloso con algunas cuestiones gramaticales. El dilema entre «estemos justos» y «seamos justos» de la carta del 2 de abril de 1959 a Anthony Linick sirve para que Bukowski se burle de las normas gramaticales. Además, cuando los editores de las revistas literarias publicaban sus poemas con algún que otro error tipográfico, Bukowski montaba en cólera y profería una catarata de improperios. Teniendo en cuenta que era un autor tan prolífico que apenas tenía tiempo para revisar, podía ser muy puntilloso, y con razón, con esos errores tipográficos (muy comunes en las revistas mimeografiadas de la época).

Las cuestiones no literarias, como enviar cientos de manuscritos a revistas literarias de todo el mundo, eran una pérdida de tiempo para Bukowski, y así se lo decía a John Martin, su editor de toda la vida. También creía que hacer docenas de dibujos para las ediciones especiales que Martin publicaba en Black Sparrow Press le desgastaban más de la cuenta. En ocasiones Bukowski estallaba; creía que Martin le trataba como a «un idiota» y replicaba a las exigencias de su editor con comentarios burlones del tipo «sí, padre». Resulta interesante que cuando tanto Anne Waldman como Allen Ginsberg le invitaron a dar clases en el Naropa Institute a finales de los setenta, Bukowski declinase la oferta. Para él lo único que importaba era escribir la siguiente palabra, y enviar material, hacer dibujos o dar clases no eran más que distracciones.

Al comienzo de este libro un Bukowski joven y desconocido le pide trabajo a la coeditora de la revista *Story*, y al final de todo, apenas un año antes de fallecer, cuando era el más popular de los escritores independientes, le da las gracias de corazón al editor Joseph Parisi por publicar sus poemas en la revista *Poetry* tras varias décadas de constante rechazo. Estas cartas ilustran la perseverancia de Bukowski y dejan bien claro que ningún obstáculo le impediría materializar sus ansias de fama y reconocimiento, y que la enfermedad de escribir no tenía ni tendría cura. Ya de joven comenzó a cultivar de manera sistemática el estilo literario que acabaría dando pie a la imagen pública que se aseguró de perpetuar en su obra. Estas cartas permiten seguir de cerca la lucha incansable de Bukowski por convertirse en un icono literario.

Y ahora las tienes en tus manos en todo su esplendor.

ABEL DEBRITTO

AGRADECIMIENTOS

El editor quisiera dar las gracias a los propietarios de las cartas reproducidas en este libro, en especial a las siguientes instituciones:

University of Arizona, Special Collections

Brown University, Providence, John Hay Library

The University of California, Bancroft Library

The University of California, Los Ángeles, Special Collections

The University of California, Santa Bárbara, Special Collections

California State University, Fullerton, Pollak Library

Centenary College, Shreveport, Louisiana, Samuel Peters Research Library

Columbia University, Rare Book and Manuscript Library

The Huntington Library, San Marino, California

Indiana University, Lilly Library

The State University of New York at Buffalo, Poetry/ Rare Book Collection

Princeton University, Nueva Jersey, Rare Books and Special Collections

The University of Southern California, Rare Books Collection

Southern Illinois University, Carbondale, Morris Library

Gracias también a las siguientes revistas, donde algunas de las cartas se publicaron en primer lugar: *Colorado North Review, Event, Intermission, New York Quarterly* y *Smoke Signals*.

Muchas gracias a Michael Andre, Gerard Belart, Anthony Linick, Christa Malone y A. D. Winans por facilitar copias de algunas de las cartas. Gracias de corazón a Ona, Gara y Nora. Por último, gracias a Linda Bukowski por hacer de este libro una realidad.

ÍNDICE